지역 교회를 위한 세계 선교 특강

세움북스는 기독교 가치관으로 교회와 성도를 건강하게 세우는 바른 책을 만들어 갑니다.

지역 교회를 위한 세계 선교 특강

지역 교회를 위한 성경적·전략적 선교 참여 가이드

초판 1쇄 인쇄 2025년 6월 15일
초판 1쇄 발행 2025년 6월 20일

지은이 | 김상철, 김한성, 송기태, 오승수, 이상협 이재화, 홍문수
펴낸이 | 강인구

펴낸곳 | 세움북스
등록 | 제2014-000144호
주소 | 서울시 종로구 대학로 19 한국기독교회관 1010호
전화 | 02-3144-3500
팩스 | 02-6008-5712
이메일 | holy-77@daum.net

디자인 | 참디자인

ISBN 979-11-93996-50-8 (93230)

* 이 책은 신저작권법에 의하여 국내에서 보호를 받는 저작물입니다.
  출판사의 협의 없는 무단 전재와 무단 복제를 엄격히 금합니다.
* 책값은 뒤표지에 있습니다.
* 잘못된 책은 교환하여 드립니다.

지역 교회를 위한 세계 선교 특강

| 김상철 · 김한성 · 송기태 · 오승수 · 이상협 · 이재화 · 홍문수 공저 |

서문

올해는 개신교 선교사가 한반도에 들어온 지 140년이 되는 해이다. 그리고 한국 교회가 타 문화권인 중국 산동성으로 선교사를 파송한 지 112년이 되었다. 복음이 들어온 지 얼마 되지 않은 시기에 선교사를 파송할 정도로 한국 교회는 선교하는 교회이다.

1980년대에 한국 교회 안에서 타 문화권 선교운동이 폭발적인 성장을 하기 시작했다. 1979년에 93명에 불과했던 한국 선교사의 수는 2008년에 2만 명을 넘어섰다. 그러나 한국 선교의 양적 발전에 비해 질적인 면은 종종 비판을 받아왔다. 이 비판들은 물량주의적 선교, 외형주의적 선교, 개인주의적 선교 등으로 요약할 수 있다.

한국 교회의 선교에 대한 헌신과 투자에 비해, 이러한 비판들은 너무 뼈아프다! 어찌 이렇게 되었는가? 가장 큰 이유는 지역 교회가 선교에 어떻게 참여하는지에 대해 배우지 않았기 때문이다. 목회자들이 신학교에서 공부할 때, 학교는 선교를 강조하며 선교 기초 과목을 가르쳤다. 하지만 정작 지역 교회가 선교에 어떻게 참여할지에 대해서는 신학교에서 가르치지도 않았고 배울 수도 없었다.

지역 교회가 선교에 어떻게 참여할지를 홀로 공부한 목회자도 있기는 하지만 그다지 많지 않다. 흔히 지역 교회들은 주변에서 하는 대로 따라 한다. 좋은 마음을 가지고 뭐라도 하면 잘 되겠지라고 생각하면서 믿는 마음으로 현장 선교사가 하자는 대로 한다.

이 책은 지역 교회의 목회자들과 선교위원회 그리고 성도들이 선교에 어떻게 참여할 수 있는지에 대해 자세히 설명한다. 성경적인 내용들이다. 좋은 이론에 근거한 내용들이다. 경험이 바탕이 된 내용들이다.

이 책이 진작부터 있어야 했는데, 이제라도 목회자들과 성도들이 접할 수 있어서 다행이다. 홍문수 목사님, 오승수 목사님, 이상협 집사님, 이재화 선교사님, 송기태 선교사님, 김상철 선교사님, 그리고 본인이 바쁜 중에도 시간을 내어 이 책의 집필진으로 참여하였다.

이 책의 독자들이 섬기는 교회가 모범적으로 선교를 실천하며 귀한 열매들을 거두는 모습을 상상하고 기대한다.

2025년 부활절 즈음
모든 저자들을 대표해서
김한성

목차

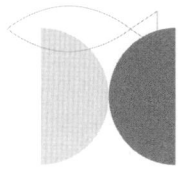

서문 • 5

1장 지역 교회와 선교 • 8
- 김한성 박사 (아신대학교, 선교학 교수)

2장 지역 교회와 선교 단체의 협력 • 33
- 홍문수 목사 (신반포교회, 담임 목사)

3장 지역 교회의 선교 비전 공유 전략 • 57
- 김상철 선교사 (GBT선교회, 선교영성팀장)

4장 지역 교회의 선교 행사 기획 • 83
- 오승수 목사 (높은뜻푸른교회, 선교 담당)

5장 지역 교회의 선교사 선정과 협력 • 101
- 이재화 선교사 (GMP선교회, 대표)

6장 선교적 교회의 총체적 단기 선교 • 127
- 송기태 선교사 (인터서브선교회, 교회 관계)

7장 선교위원회의 성경적이고 효과적인 운영 • 155
- 이상협 집사 (대구동신교회, 한국 누가회 이사)

8장 세계 선교의 흐름, 이머징 선교 • 181
- 이재화 선교사 (GMP선교회, 대표)

추천도서 • 212

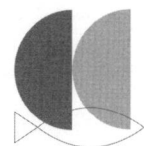

1장
지역 교회와 선교

1장
지역 교회와 선교

들어가는 말

지역 교회와 선교! 익숙한 개념이다. 한편, 익숙한 만큼 잘 아는 내용인가? 그런 선교사, 목회자, 성도들도 있지만, 그렇지 않은 이들도 있다. 아마도 대부분은 알기는 알지만, 머릿속에 잘 정리해서 선교 실천의 원리로 사용하는 경우는 그다지 많지 않을 것이다. 반석 위에 집을 짓는 것처럼, 선교 실천을 좋은 토대 위에 세우는 일에 이 글이 사용되면 좋겠다.

이 글은 크게 세 가지 질문을 한다. 지역 교회가 왜 선교를 해야 하는가? 선교에 참여하는 지역 교회는 어떤 유익을 얻는가? 지역 교회가 선교에 참여할 때에 반드시 기억해야 하는 원리들은 무엇인가?

지역 교회가 왜 선교를 해야 하는가?

삼위일체 하나님의 관점과 마음을 알 수 있다면, 지역 교회와 성도들이 선교에 왜 참여해야 하는지를 명확히 알 수 있다. 가난과 기근 그리고 전쟁과 같은 어려운 상황에 빠져 있는 사람들을 측은히 여기는 마음이 선교의 동기가 될 수 있지만, 이것은 타 종교와 비종교인들도 가질 수 있는 생각이다. 한 번도 본 적 없고, 나 자신과 아무 상관없는 사람들의 영적 상태를 불쌍히 여기고 이들이 변화된 삶을 살기를 원하는 것은 인간적 동기보다는 신적 동기에서 비롯된다. 삼위일체 하나님이 우리의 선교 동기이고, 우리의 선교 참여를 지속 가능하게 한다.

하나님의 뜻

하나님께서는 선한 뜻으로 세상을 창조하셨지만, 우리가 불순종하면서 하나님의 원수가 되었고 영원형벌을 받게 되었다. 한편, 사랑의 하나님은 우리 죄를 용서하기를 원하시고 우리로 하나님과 화해할 길을 마련하셨다. 우리의 죄로 인해 세상은 타락했고, 우리의 방법으로 하나님을 기쁘시게 할 수 없다. 한편, 인류는 이것을 모르거나 부인한 채 자신이 보기에 좋은 대로 행동해 왔다. 창세기 1장에서 11장을 읽어 보라.

세상을 향한 하나님의 선하신 뜻은 지금까지도 여전하시다. 하나님께서는 아브람을 부르시며 "내가 너와 네 후손에게 복 줄 것이고 너와 네 후손은 복의 통로가 될 것이다"라고 약속하셨다.

"여호와께서 아브람에게 이르시되…내가 너로 큰 민족을 이루고 네게 복을 주어 네 이름을 창대하게 하리니 너는 복이 될지라…땅의 모든 족속이 너로 말미암아 복을 얻을 것이라 하신지라"(창12:1-3).

하나님의 이 약속은 지금 우리에게도 유효하다. 선하신 하나님은 한국 교회와 성도들에게 복을 주실 것이고, 한국 교회와 성도들은 복의 통로가 될 것이다.

아직 하나님을 모르던 우리 민족은 전통적으로 복을 현세적으로 이해했다. 사람마다 조금씩 다르게 말할 수 있으나, 우리 민족은 네 가지 복을 중요하게 생각했다.

"예나 지금이나 한국인은 돈이 많고 높은 벼슬을 하고 자식을 많이 두고 오래오래 사는 것을 복으로 여겨 왔던 것입니다"(최정호, 2010:54).

부, 귀, 다산, 수(壽)를 복으로 여기는 것은 성경에서도 어렵지 않게 찾을 수 있다. 우리 민족의 전통적인 복의 개념에는 타인에 대한 배려가 없고 초월적 개념이 없다(최정호, 2010:207-235).

한편, 성경에서 발견되는 복의 개념은 타인과 영적 세계를 포함하고 있다. 성경의 복에는 현세적인 요소가 있다. 므두셀라, 아브라함, 야곱, 요셉, 욥, 다윗, 에스더, 다니엘 등을 보라. 한편, 이들이 태어나서 죽을 때까지 평탄하게 살며 좋은 일만 겪지 않았다는 점과 현세적인 복을 누리지 못한 믿음의 사람들도 있다는 점도 기억하자. 성경의 복은 타인을 위한 것이기도 하다. 하나님께서 아브람에게 하신 약속에 땅의 모든 족속도 복을 받는 것이 포함되어 있다. 하나님이 주시는 복 중에서 가장 우선되고 중요한 복은 하나님을 아는 복이다. 죄로부터 구원받고 우리를 만드신 하나님과 화목하는 것이 복 중의 복이요 복의 시작이다. 우리로는 할 수 없는 것을 하나님 안에서 할 수 있고 변할 수 있는 것이 복이다.

하나님은 우리 믿는 사람들을 사랑하시고, 아직 예수님이 누구신지 모르는 사람도 사랑하신다. 하나님은 죄인인 우리를 위해서 구원의 방법을 예비해 두셨다. 하나님은 스스로 구원할 수 없고 하나님께 나아갈 수 없는 우리를 위해 독생자 예수 그리스도를 보내셨고, 우리를 위해 희생하셨다. 오늘날 80억이 넘는 인구 가운데 이것을 모르거나 오해한 이가 50억이 넘는다. 하나님은 이들이 예수님에 대한 복된 소식을 접할 수 있기를 원하신다. 하나님은 잃어버린 양 한 마리를 찾아 헤매는 목자처럼 잃어버린 영혼들을 찾으신다. 하나님은 우리 교회와 성도들이 이 일에 순종하며 참여하기를 원하신다. 하나님은 우리가 순종하면 복의 통로가 되면서 하나님과 더 친밀해질 수 있고 삶의 의미를 발견할 수 있고 더 행복할 수 있음을 아신다.

예수님의 명령

예수님은 공생애 기간 동안 제자들을 부르셨고, 이들과 함께 생활하며 사역하셨다. 예수님은 제자들에게 하나님의 뜻과 하나님의 나라를 가르치셨을 뿐 아니라, 경건생활과 일상생활을 어떻게 살지를 모범으로 보여주셨다. 예수님은 때때로 제자들을 둘씩 짝을 지어 파송하시며 천국복음을 증거하게 하셨다.

"그 후에 주께서 따로 칠십 인을 세우사 친히 가시려는 각 동네와 각 지역으로 둘씩 앞서 보내시며"(눅 10:1).

제자를 파송하는 예수님의 마음과 계획을 누가복음 10장 3절부터 19절에서 발견할 수 있다. 제자들을 파송하시는 예수님의 마음은 이리 가운데로 어린양을 보내는 것 같았다. 예수님은 제자들이 어려움을 겪을 것을 알고 계셨고, 고난을 당할 수 있는 것도 아셨다. 예수님은 제자들에게 권능을 주셨고 제자들을 해칠 자가 결코 없도록 하셨다. 예수님은 제자들을 모른척 내버려 두지 않으셨고, 이들의 필요가 채워질 것임을 알고 계셨다. 예수님은 스스로를 파송한 제자들과 동일시하셨다.

또한 예수님은 제자들이 두 눈으로 목격하는 놀라운 현상 너머의 보다 가치 있는 일을 볼 수 있기를 원하셨고, 제자들에게 그렇게 권면하셨다. 제자들은 귀신들이 항복한 사건들에 흥분되었지만, 예수님에게 그것은 중요한 것이 아니었다. 제자들이 하나님의 주권과 통치 아래 있는 것이 더 중요한 것임을 제자들에게 가르치셨다.

부활하신 예수님께서는 승천하시기 전에 제자들에게 "가서 모든 민족을 제자로 삼아 아버지와 아들과 성령의 이름으로 세례를 베풀고 내가 너희에게 분부한 모든 것을 가르쳐 지키게 하라"(마 28:19-20)라고 명령하셨다.

"가서"는 예수님의 명령의 중요한 요소 중 하나이다. 최근 "가서"를 중요하지 않게 여기는 선생들도 있으나, 이것은 올바른 성경 해석이 아니다. 국경선을 넘어 멀리 가는 것이 여전히 필요하며, 국내의 이주민들에게 가는 것도 필요해졌다.

예수님은 "모든 민족"을 복음을 들어야 하는 대상으로 말씀하셨다. 현재 지구촌의 총 인구는 80억이 넘었고 이 가운데 기독교인은 26억에 불과하니 54억의 인구가 예수님을 모른다. 26억의 인구 중에 개신교 인구는 약 절반에 불과하고 이들 중에는 명목상의 기독교인들과 이단들도 포함되어 있다. 따라서 예수님을 진실로 믿고 따르려는 성도들에게 예수님의 선교 명령은 더욱 막중하다.

예수님은 "세례를 베풀라"고 명령하셨다. 세례는 새 삶을 시작하는 전환점을 제공한다. 이슬람권, 힌두권, 불교권에 예수님의 가르침을 좋아

하고 예수님을 존경한다고 말하는 이들이 있으나, 예수님에게 속한 사람이 되어 새 삶을 살겠다고 결단하는 이는 적다. 예수님 안에서의 새로운 삶을 권면하는 선교사가 없다면, 세례를 받으며 예수님의 편에 서겠다는 이들도 적을 것이다.

예수님은 "가르쳐 지키게 하라"라고 말씀하셨다. 우리의 삶은 예수님을 믿을 때와 그렇지 않을 때에 180도 다르다. 예수님을 믿는 우리는 하늘의 영원한 가치를 추구하고 나 자신보다는 하나님을 우선한다. 새 신자가 이러한 가치와 우선순위의 변화를 아는 수준에 머무르지 않고 삶으로 살아내는 것은 쉽지 않다. 예수님은 우리에게 모범으로 보여주고 코칭하라고 명령하셨다.

성령님의 강권하심

사도행전이 보여주는 초대 교회는 오순절을 기점으로 이전과 이후로 나눌 수 있다. 예수님의 부활과 승천을 목격한 제자들은 용기를 되찾았으나 어찌할 바를 몰랐다. 이들은 예수님께서 십자가에서 죽으시는 것을 직접 목격하며 큰 충격을 받고 실망하였다. 제자들 중에는 어쩔 줄 모르는 이들도 있었고, 황망한 마음에 길을 떠난 이들도 있었다. 이런 제자들에게 부활하신 예수님은 너무나도 놀라운 일이었고, 크게 고무되는 사건이었다. 제자들은 수십 일 뒤에 승천하시는 예수님의 명령을 따라 예루살렘을 떠나지 않고 모여 기도하였다.

이렇게 마가의 다락방에 모여 기도하던 제자들과 여러 사람들에게 성령이 임했다. 성령 충만함을 입은 제자들은 다른 사람들 눈에 크게 띄었다. 제자들에게서 들려오는 여러 언어를 들은 사람들은 신기하게 생각했고, 그들이 술에 취했다고도 생각했다. 이것보다 더 두드러지는 성령 충만함의 특징은 제자들이 보여주는 전도의 담대함이었다. 베드로와 열한 명의 제자들은 오순절을 지키기 위해 지중해 여러 곳에서 예루살렘으로 모여든 사람들에게 예수님을 증거하며 죄를 회개하고 하나님께 돌이킬 것을 촉구했다. 베드로는 성전 미문 앞의 나면서 못 걷게 된 이를 예수님의 이름으로 걷게 하는 기적을 행했다. 베드로와 요한은 이스라엘 종교 지도자 앞에 서서 예수님을 변증하는 것을 두려워하지 않았다. 제자들은 자신의 소유물을 공유하며 사랑을 실천했다.

사도행전의 여러 곳에서 성령께서 제자들을 인도하고 강권하는 사건들을 여러 차례 발견할 수 있다. 이스라엘 과부들을 공궤하는 과정에서 분쟁이 발생했을 때, 제자들은 이 문제를 적절히 대처하며 전도의 걸림돌이 아닌 발돋움판으로 사용했다. 성령의 인도를 받은 빌립은 에디오피아 내시에게 예수님을 증거하고 세례를 주었다. 성령은 바울에게 임하여 예수님을 믿는 자들을 핍박하는 자에서 예수님을 전하는 자로 변화시키셨다. 성령은 마게도냐에서 바울로 하여금 여정을 바꾸도록 인도하셨고, 바뀐 여정 중에서 많은 영혼이 하나님께 돌아왔다. 이러한 놀라운 사역들의 비밀 열쇠는 다름 아닌 성령 충만이다.

지난 2000년의 선교 역사에서도 성령의 강권하심을 찾아볼 수 있다. 5세기 초 아일랜드에 노예로 끌려갔던 패트릭(Patrick)은 수년 뒤에 겨우 도망쳐서 자유의 몸이 되었음에도 불구하고, 예수님을 전하기 위해 아일랜드로 되돌아갔다. 그는 성령의 강권하심을 따라 순종할 정도로 성령 충만했다. 18세기 말, 영국 중부의 작고 가난하고 멸시받던 시골교회 여덟 곳이 감히 선교회를 조직하고 선교사를 파송하겠다고 나섰다. 이것은 윌리엄 캐리(William Carey)와 함께 여덟 명의 목회자들이 성령 충만했기에 가능했다.

1865년, 이렇다 할 학력이나 자격도 갖추지 못했던 허드슨 테일러(Hudson Taylor)가 당시 일억 명의 중국인에게 복음을 전하겠다며 선교회를 조직하고 젊은이들을 모집할 수 있었던 비결은 성령 충만이었다. 1912년, 국권을 잃은 조선의 작은 교세의 장로교회가 중국 산동성의 중국인들에게 복음을 전하겠다는 마음을 먹고 실천에 옮긴 것은 성령 충만했기에 가능했다. 성령께서 지구촌 80억 인구에게 선교를 강권하시는데, 이것에 순종하기 위해서는 성령 충만이 반드시 필요하다.

지역 교회는 선교를 통해 어떤 유익을 얻는가?

지역 교회는 선교를 통해 많은 유익을 얻을 수 있지만, 특별히 네 가지를 소개하고자 한다. 하나님의 뜻에 순종하는 유익, 믿음에 집중하게 되는 유익, 성도들이 삶의 의미와 보람을 느낄 수 있는 유익, 교회 안에서 불필요한 다툼이 줄어드는 유익 등이다.

삼위일체 하나님의 뜻에 순종하는 것이 복이다

성경의 복은 영적인 요소와 육적인 요소를 모두 포함한다. 하나님께서 아브람을 축복하셨고, 아브람이 복의 통로가 될 것이라고 약속하셨다. 아브라함은 영적으로 그리고 육적으로 축복을 받았다. 욥은 어떤가? 사탄의 시험을 받아 온갖 고생을 했으나, 욥은 하나님을 믿는 믿음의 축복이 여전했고 사탄의 시험이 끝난 뒤에 이전보다 더 많은 육적인 축복을 받았다.

한편, 하나님의 뜻을 따르는 것이 복 중의 복이다. 모세는 광야에서 떨기나무를 보며 하나님의 임재를 경험했고, 하나님의 뜻을 알았다. 그는 자신의 동족 중 한 명을 살리려고 애굽 사람을 죽였지만, 하나님은 그를 이스라엘 백성 전체가 출애굽할 수 있도록 인도하는 지도자로 사용하셨다. 다윗은 여러 형제 중 막내로 목동에 불과했으나, 하나님의 뜻에 순종했을 때에 이스라엘의 왕이 되었다.

경우에 따라서, 하나님을 따르기 위해 육적인 복을 포기해야 할 때도 있다. 에스더와 다니엘은 하나님을 따르기 위해 기꺼이 육적인 복을 포기했다. 예수님의 제자들은 예수님을 따르기 위해 생업을 포기했다. 요나는 하나님의 명령을 따르는 것을 거부했다가 죽을 뻔한 고생을 하기도 했다.

선교하시는 하나님은 하나님의 백성들이 선교에 참여하기를 원하신다. 하나님은 믿는 자들이 예수님을 증거하고 예수님의 사랑을 나누기를 원하신다. 이런 하나님의 뜻을 알고 순종하는 것은 성도에게 복이다.

교회와 성도가 믿음에 집중한다

선교는 영적인 것에 관심을 가지는 것이다. 해외 타 문화권의 사람이든 우리나라를 찾아온 국내 다문화 인구가 되었든, 흔히 우리는 이들을 한 번 본 적도 없고 앞으로도 못 보기 쉽다. 이처럼 우리와 아무런 상관없는 사람들이 예수님을 모르는 것에 대해 안타까워하는 것이 영적인 관심이다. 영적인 것에 관심을 가질 때, 우리는 하나님을 믿는 믿음에 집중하게 된다.

우리는 과거 어느 때보다 가시적이고 예측 가능한 세상에서 살고 있다. 초, 중, 고, 대학교에서 배우는 것은 관찰 가능한 세계이고, 보이지 않는 세계는 부정되거나 무시된다. 이렇게 가시적 세계에 익숙해지다 보면, 우리는 자신도 모르는 사이에 영적 세계도 육적 세계와 유사할 것으로 착각하기 쉽고, 하늘나라의 방식을 망각하게 되기 쉽다. 이런 삶에 대한 태도와 방식이 교회 내로 흘러들어오면, 교회는 더 이상 신앙 공동체이기보다는 기독교 신앙을 가진 사람들의 세속 공동체가 된다.

한편, 선교는 우리에게 하나님을 의지하는 기회를 만들어 준다. 언어와 문화가 다른 이들에게 보이지 않는 하나님을 알리는 것은 결코 쉬운 일이 아니다. "하나님이 당신을 사랑하십니다." 이 말이 단순해 보이지만, 언어와 문화의 장벽을 넘을 때에 우리의 의도가 고스란히 전달되지 않기 쉽다. 그래서 선교사들은 더욱 기도에 힘쓰게 되고 성경공부에 열심을 내게 된다. 성도들은 선교사의 기도편지를 읽으며 안타까운 마음으로 간절히 중보기도하게 된다. 이렇게 교회와 성도는 믿음에 집중하게 된다.

성도들이 삶의 의미와 보람을 찾을 수 있다

선교하시는 하나님의 뜻을 알고 순종하는 과정 속에서 성도들은 삶의 의미와 보람을 찾을 수 있다. 물론 영적 사역만 의미 있다는 말이 아니다. 성도들마다 다른 소명을 받았고 상점을 운영하거나, 회사에서 일하거나, 공장에서 물건을 만들거나, 관공서에서 근무하거나, 프로 선수이거나, 목회를 하거나 모든 일이 하나님의 부르심을 따라 사는 것이다. 성도는 일상생활 속에서 예수님을 따르며 하나님을 영화롭게 하는 과정 속에서 삶의 의미와 보람을 발견할 수 있다. 한편, 하나님의 선교 사역에 참여하는 것은 또 다른 삶의 의미와 보람을 가지게 한다.

예수님과 제자들이 그러했듯이, 일상을 멈추고 전혀 모르는 이들에게 예수님이 누구인지를 가르치고 예수님을 믿는 믿음을 가지도록 권면하는 것은 복된 일이다. 사람에 따라, 한국에서의 일상을 중단하고 선교사의 삶을 살 수 있고, 한국에서 일상을 지속하는 한편 시간을 내어 단기 선교에 참여할 수도 있고, 재정을 떼어 선교 사역에 내어 놓을 수 있고, 마음을 나누어 세계 복음화를 위해 기도할 수 있다. 참여 방법이 다를지언정, 하나님의 선교에 참여하는 것은 동일하다.

혹시 바쁜 하루를 살던 중에 길 위에 넘어져 무릎이 까진 어린이를 위로하고 다시 일어나도록 도운 적이 있는가? 자신이 전도한 이가 예수님을 믿고 같이 신앙생활한 경험이 있는가? 타지에서 전도하거나 예수님의 사랑을 보여줄 때, 눈이 반짝반짝했던 현지인이 기억나는가? 내가 드렸던 헌금이 선교지에서 요긴하게 사용되었다는 감사의 말을 들은 적이 있는가? 내가 몇 번이고 간절히 기도했던 기도 제목이 응답된 것을 본 적이 있는가? 혹시 흐뭇하고 마음이 뭉클하고 행복하지 않았던가? 성도들은 선교에 다양하게 참여할 때 삶의 의미와 보람을 발견한다.

교회 안에서 불필요한 다툼이 줄어든다

너무나도 안타까운 일이지만, 교회가 외부로 향한 관심은 없고 내부적인 것에만 관심을 가지고 있으면 불필요한 분쟁과 다툼이 일어나기 쉽다. 교회의 존재 목적은 하나님을 예배하고, 성도들의 신앙을 북돋우고,

예수님을 전하는 것이다. 하나님을 예배하고 성도들의 신앙을 북돋는 것이 내부적 관심이라면, 예수님을 전하는 것은 외부로 향한 관심이다.

사용하지 않는 집이 사용하는 집보다 빨리 낡는다. 가만히 세워 둔 자동차가 자주 사용하는 자동차보다 심각한 고장을 일으키기 쉽다. 싸우지 않는 군대가 훈련마저 하지 않는다면, 기강이 해이해지고 사기가 떨어진다. 주경야독하듯이 일을 하며 공부하는 것은 힘들어도 견딜 수 있고 보람도 있지만, 취직하지 않은 채 공부만 하는 것은 마음을 지치게 하기 쉽다.

지역사회에서 전도하고 사회봉사를 하는 교회들은 대개 화평하다. 세계 선교에 관심을 가지고 선교사를 파송 또는 후원하고 이들의 사역지를 방문하고 선교사와 다른 나라의 교회들을 위해 기도하는 교회에는 일반적으로 다툼이 적다. 물론, 누구의 방법으로 하는가를 두고 다툼이 있을 수도 있으나, 이것은 구성원들이 수용할 수 있는 판단과 결정의 원리와 과정을 먼저 세우고 접근하면 예방할 수 있다.

지역 교회가 선교에 참여할 때 꼭 알아야 할 것이 무엇인가?

선교에 참여하는 믿음의 공동체와 성도들이 꼭 알아야 할 내용들이 있다. 첫째, 선교는 하나님의 일에 참여하는 것이다. 둘째, 선교는 영적 사역이자 삶을 변화시키는 사역이다. 셋째, 선교는 배워서 하는 것이다. 넷째, 선교는 협력이다.

선교는 하나님의 일에 참여하는 것이다

선교는 하나님을 위해 내가 무엇을 해 드리는 것이 아니다. 하나님이 하지 못 하시는 것을 우리 교회가 하는 것이 아니다. 하나님은 가만히 계시고, 내가 크게 희생해서 무엇인가를 이루어서 하나님께 드리는 것이 아니다. 오래전 텔레비전 광고처럼, 시골에 계시는 연로한 부모님을 위해 보일러를 설치해 드리듯 하나님에게 무엇인가 큰 것을 감사한 마음으로 드리는 것이 아니다. 만약 선교의 이름으로 하나님을 위해 우리가 무엇을 하려고 하면, 우리는 오히려 하나님의 무한한 능력을 제한할 수 있다. 선교에 참여하고 있는 선교사와 교회와 목회자와 성도들은 잘못된 선교를 하는 것은 아닌지를 반드시 점검해야 한다.

앞에서 말했듯이 선교는 하나님이 하신다. 하나님은 홀로 선교하실 수 있는 분이시다. 모든 것을 아시고 모든 것을 하실 수 있고 모든 곳에 계신 하나님께서 선교하는 것에 아무런 장애물도 없고 문제도 없다. 세례 요한이 말하지 않았던가?

"하나님이 능히 이 돌들로도 아브라함의 자손이 되게 하시리라"(마 3:9).

우리의 선교는 하나님이 하시는 선교에 참여하는 것이다. 우리는 순전한 겸손함으로 하나님이 주도하시는 사역에 참여해야 하나님의 일을 방해하지 않는다.

우리는 한 바가지의 물과 같다. 우리 중에 능력이 있는 자는 커다란 물탱크에 가득한 물처럼 많을 수 있고, 우리 중에 능력이 적은 자는 간장종지에 조금 있는 물 같을 수 있다. 가뭄을 해결하려면 우리가 소유한 물로는 턱도 없고 한강 물을 끌어와야 하고 그보다 더 좋은 방법은 하늘에서 비가 시원하게 내리는 것이다.

선교는 영적 사역이자 삶을 변화시키는 사역이다

선교는 영적 사역이고, 이 사역의 결과 중 하나가 인간의 삶이 변화되는 것이다. 영육은 별개가 아니고 연결되어 있다. 영혼이 잘됨같이 범사가 잘되어야 한다. 보이지 않는 세계와 보이는 세계는 좌뇌와 우뇌가 연결되어 있듯이 연결되어 있다.

한편, 영적 변화가 있어야 지속 가능하고 돌이키는 삶의 변화가 가능하다. 자신의 의지로 생각을 바꾸고 습관을 바꾸는 사람은 많지 않고, 대부분 이것은 기능적 영역에서 일어난다. 지금까지 믿고 살아온 기존 세계가 잘못된 것이고 그대로는 망한다는 깨달음이 영적 변화라고 할 수 있다. 예수님을 믿는 믿음으로 새로운 세계를 보고 새로운 삶을 내딛는 것은 영적 변화이다. 성경의 가르침, 영원한 시간, 하늘나라, 구원과 형벌을 믿는 것이 영적 변화이다. 따라서 반드시 영적 변화를 추구해야 한다.

영적 변화는 우리의 인식과 감정과 관계와 삶을 변화시킨다. 모든 사람이 경험하는 변화는 다르다. 어떤 이도 예수님을 믿는다고 고백하는 순간에 100퍼센트 변화되지도 않는다. 하지만 영적 변화를 경험한 사람은 삶의 변화를 경험하고, 이런 사람들이 모여 함께 뜻을 모아 실천할 때 사회의 변화가 있다. 도둑이 하나님께 예배드린 뒤에 담대함으로 도둑질을 더 잘하게 된다면, 잘못된 것이다. 기독교인의 집은 깨끗하고 단정한데, 그 집 앞과 동네에 쓰레기가 넘친다면 잘못된 것이다. 기독교 인구가 20~30인데, 부정부패가 심하다면 잘못된 것이다. 삶의 변화를 기대하는 것은 당연하다.

선교는 배워서 하는 것이다

과거에 미국에 가면 영어를 잘하는 줄로 생각했던 때가 있었다. 그래서 미국에서 20년 산 교포라면 영어를 아주 잘하는 줄로 착각했었다. 참으로 우스운 일이지 않은가? 마찬가지로 선교는 그냥 하면 되는 것으로 잘못 아는 선교사, 목회자, 성도들이 많다. 한국 목회 경험으로 선교를 충분히 잘 할 수 있다고, 열정과 헌신과 비전과 소명이면 충분하다고 생각하는 목회자와 성도들이 많다. 충격적이고 안타깝지만, 정말로 많다.

선교를 배우지 않고 선교하는 선교사, 교회, 목회자, 성도는 맨 땅에 헤딩하는 것이다. 맨 땅에 머리가 부딪치면 얼마나 아프겠는가? 많은 선교사와 교회와 성도가 배우지 않고 선교했다가 실패하고 마음에 상처를 입고 자원을 낭비한다. 정말로 많은 사람들이 선교에 참여했다가 낭패를 경험한다. 그 이유는 하나님이 무심해서가 아니고 현지인들이나 동료가 나빠서가 아니라, 나 자신이 선교를 몰라서 그런 것이다.

선교하시는 하나님을 배워야 한다. 하나님의 구원 계획은 우주적이고 역사적이다. 이 크신 하나님의 선교 계획을 정말로 진지하게 공부했는가? 메시지를 공부해야 한다. "예수님이 당신을 사랑하신다"는 메시지를 5~10분 정도 쉽게 설명할 수 있는가? 단순히 "우리 교회 오세요", "예수 믿으세요" 정도 밖에 설명할 수 없는가? 특별히 다른 문화의 사람들에게 "예수님이 당신을 사랑하신다"를 어떻게 설명할 것인가? 선교지의 역사와 사회와 문화를 공부해야 한다. 배우지 않고 선교하는 것은 하나님의 뜻과 방법이 아닌 내가 알고 익숙한 방법으로 선교하겠다는 것과 크게 다르지 않다.

선교는 협력이다

우리나라를 포함해서 아시아의 일반적인 사회 문화는 혈연 중심의 집단주의이다. 혈연 바깥의 사람은 남이고, 남과의 협력은 제한적이다. 또한 한국 전쟁 이후 현대사 속에서 한국 사람들은 승자독식 구조 속에서 발버둥을 치며 개인주의화 되었다. 이것은 우리의 신앙생활은 물론 선교 참여에까지도 영향을 끼쳐, 한국 선교는 개별화되었고 경쟁적이 되었다. 한마디로 선교가 사사화(私事化)되었다.

성경이 가르치는 선교는 협력이다. 예수님이 보내신 성부 하나님과 함께하셨다. 예수님이 제자들과 함께하셨다. 예수님이 제자들을 둘씩 파송하셨다. 승천하시는 하나님께서 제자들을 위해 성령을 보내셨다. 신약의 초대 교회의 선교도 협력이었다. 물론 협력하는 중에 갈등도 있었지만, 이것은 자연스러운 일이다.

성경은 우리의 신앙과 삶의 표준이다. 이것을 믿는 선교사, 목회자, 성도라면 성경의 가르침을 좇아야 한다. 성경은 선교에 대해 많이 가르치지만, 그중 하나는 협력하는 것이다. 선교사는 파송/후원 교회와 협력해야 한다. 선교 단체는 선교사와 협력해야 한다. 지역 교회는 선교 단체와 협력해야 한다. 홍문수 목사는 이것을 "거룩한 삼각관계"라고 불렀는데, 너무나도 맞고 적절한 말이다. 또한, 선교사들은 동료 선교사들과 협력해야 하고, 현지 교회와 목회자들과 수평적으로 협력해야 한다. 선교 단체들은 선교 단체들과 협력하고 서로 도와야 한다. 지역 교회들은 이웃하는 지역 교회들과 함께 선교에 참여해야 한다.

"너희가 서로 사랑하면 이로써 모든 사람이 너희가 내 제자인 줄 알리라"(요 13:35).

마치는 말

나는 이 글을 통해 지역 교회의 선교에 대해 간략히 정리했다. 지역 교회가 선교해야 하는 이유는 삼위일체 하나님께서 선교하시는 하나님이기 때문이다. 성부 하나님께서 교회와 성도들이 복을 받고 복의 통로가 되기를 원하신다. 예수님께서 제자와 우리들에게 가서 제자 삼으라고 명령하셨다. 내주하시는 성령께서 강권하시기 때문이다.

지역 교회가 선교를 통해 어떤 유익을 얻는가? 첫째, 삼위일체 하나님의 뜻을 순종하는 복을 누린다. 둘째, 교회와 성도가 믿음에 집중한다. 셋째, 성도들이 삶의 의미와 보람을 찾을 수 있다. 넷째, 교회 안에서 불필요한 다툼이 줄어든다.

마지막으로 지역 교회가 선교에 참여할 때 꼭 알아야 하는 것이 무엇인가? 첫째, 선교는 하나님의 일에 참여하는 것이다. 둘째, 선교는 영적 사역이자 삶을 변화시키는 사역이다. 셋째, 선교는 배워서 하는 것이다. 넷째, 선교는 협력이다.

하나님께서 선교하는 한국 교회와 각 지역 교회들과 선교사들과 목회자들과 성도들을 축복하시기를 기원한다.

나눔을 위한 질문들

1. 지역 교회는 왜 선교에 참여해야 하는가?

2. 지역 교회가 선교를 통해 누리는 유익 네 가지 중에서 어느 것이 자신의 생각과 유사한가?

3. 지역 교회가 반드시 알아야 할 사항들 중에서 이전에 생각해 보지 못한 것은 무엇인가?

2장
지역 교회와 선교 단체의 협력

2장
지역 교회와 선교 단체의 협력

들어가는 말

한국 교회는 선교를 하며 크게 기뻐하고 감사할 것도 많다. 최근 들어서 우려되는 점도 있다. 한편, 위기를 지혜롭게 대처하면 선교에 크게 도움이 될 수 있다.

한국 교회 선교의 쾌거

선교 140년을 보내고 있는 한국 교회는 세계 교회 역사상 유례없는 성장의 역사를 이룩하였다. 그와 더불어 주님의 지상명령을 수행하는 면에서도 두각을 나타냈다. 한국세계 선교협의회(KWMA)와 한국 선교연구원(kriM)의 공식 집계에 의하면 지난 2024년 말 현재 171개국에 장단기 선교사 22,137명을 파송했다(침례신문, 2025.03.18).

한때 세계 2위 파송국이라고 뿌듯해할 때와 비교하면 상당히 감소하기는 했지만, 세계 교회 가운데 차지하는 선교적 위상은 여전히 큰 게 사실이다. 과거 서양 선교사들 일변도로 움직이던 국제 선교 단체의 리더십 가운데 한인 선교사들이 속속 진출하는 것도 선교적 위상의 중요한 지표이다. 일제 식민 통치와 동족상잔의 전쟁을 겪었고 아직도 세계 유일의 분단국가로 남아 있는 한국이 이만한 선교적 위상을 갖게 되었다는 것은 실로 경하할 만한 쾌거가 아닐 수 없다.

한국 교회 선교의 위기

한국 교회 선교가 한창 성장하는 시기였던 2006년 KWMA는 Target 2030(타겟 2030, 2030년까지 10만 선교사와 100만 자비량 선교사역자 파송 목표)을 담대하게 선포했다. 그 후에 나름대로 실천한다고 했지만, 시간이 갈수록 역부족임을 자각하게 되었다. 한국 교회의 쇠퇴 흐름과 맞물려 선교사 파송 숫자가 감소세로 돌아섰기 때문이다.

한편 선교사 숫자를 늘리는 데 집중하는 양적 선교 전략의 부작용을 지적하면서 이제는 내실을 다지는 질적 선교를 지향하자는 목소리가 커지게 됐다. 급기야 2022년 제21회 한국 선교지도자포럼에서 업그레이드 버전으로 수정 선포했다. 새로운 선교 전략으로 지역 교회의 선교 역량을 강화함으로써 평신도를 선교적 그리스도인이 되게 하는 평신도 선교 운동을 전개하자는 것이다.

이는 본질에 충실한 선교를 추구한다는 면에서는 바람직한 궤도 수정이라고 생각한다. 하지만 다른 한편으로는 한국 교회에 닥친 선교 쇠퇴 현상에 대한 위기감의 발로가 아닌가 하는 생각도 지울 수 없다. 그러지 않아도 쇠퇴의 조짐이 보이던 한국 교회의 선교가 코로나19 팬데믹을 거치면서 상당히 위축되어 있다. 지역 교회마다 교인수와 재정이 감소하면서 선교사 파송이 줄어들고, 심지어 기존 선교사에 대한 후원이 중단되는 사태도 빈발하고 있다. 게다가 기존 선교사의 노령화와 은퇴 문제는 다음 세대 선교사 충원을 강력하게 요구하고 있지만 현실은 녹록지 않다. 초임 선교사의 연령대가 갈수록 높아지고 있는 데다 선교사 지원자도 급감하고 있다. 선교 단체마다 문전성시를 이루던 시절과 비교하면 그야말로 격세지감을 느끼게 된다.

그런데 외적으로 드러나는 선교 위축도 문제이지만 그 이전에 한국 교회 선교의 고질적인 문제를 해결하는 게 급선무라고 생각한다. 한국 교회가 선교를 제법 많이 하는 것처럼 보이지만 실제로는 그렇지 않다. 선교에 무관심하거나, 교회 성장을 우선순위에 두느라 선교에 헌신하지 못하는 경우가 허다하다. '교회가 조금만 더 부흥하면' 혹은 '재정이 조금만 더 안정되면' 하는 생각으로 차일피일 미루는 경우가 적지 않기 때문이다. 비교적 적극적으로 선교에 헌신한다고 하는 예장합동 총회도 산하 1만 1천여 교회 중 총회세계 선교회(GMS)를 통해 선교사를 파송한 교회는 600여 개가 채 되지 않는다(국민일보, 2024. 04. 05).

그나마 선교를 열심히 한다고 하는 교회들 중에서 막상 내부를 들여다보면 외적인 실적 위주의 선교에 그치는 경우가 적지 않다. 그 외에 선교사들의 특정 지역 편중 현상과 중복 투자, 선교 헌신자들이 제대로 관리되지 못한 채 유실되는 '깔때기 현상', 독불장군식의 경쟁적 선교 방식, 물량 선교, 이름 내기 과시 선교, 현지인들에게 군림하는 갑질 선교 등 문제가 한두 가지가 아니다. 이래저래 선교 한국의 미래가 어떻게 될 것인가 심히 우려되는 상황이다.

한국 교회 선교의 미래

위기는 위험하지만, 한편으로는 좋은 기회이다. 대오각성(大悟覺醒)하고 선교의 방향을 잘 잡으면 오히려 한국 교회의 선교가 부흥하는 계기가 될 수 있다.

한국 교회가 지금까지 거둔 선교의 성과를 기초로 선교 한국의 밝은 미래를 열기 위해서는 산재한 허점들을 찬찬히 찾아내고 반드시 해결해 나아가야 한다. 코로나19 팬데믹으로 인해 달라진 선교환경을 극복할 새로운 전략을 세우는 것도 시급하다. 이를 위해 여러 가지 방안이 모색되어야 하겠지만, 가장 중요한 것은 '선교의 기본'으로 돌아가는 것이다. 종교개혁가들에게 적잖은 영향을 끼친 인문주의자 에라스뮈스(Erasmus)가 외쳤던 "기본으로 돌아가자"(Ad Fontes)는 메시지는 시대적 변환기마다 유효하다.

과연 우리가 추구할 '선교의 기본'은 무엇일까? 그것은 한마디로 '선교의 삼각관계'(missionary triangle)라고 생각한다. 선교사, 지역 교회, 그리고 선교 단체 등 선교의 단위들이 연합하고 협력할 때 선교의 시너지(missionary synergy)가 증대되어 효율적인 선교가 가능해진다. 그리고 무엇보다 하나님이 주관하시고 하나님이 영광 받으시는 문자 그대로의 '하나님의 선교'(Missio Dei)가 이뤄질 수 있다. 그렇지 않고 선교사와 지역 교회, 선교 단체가 제각각 독불장군식으로 사역한다면 한국 교회 선교의 미래는 그야말로 암담해질 수도 있음을 잊지 말아야 한다.

선교의 삼각관계

선교의 주체는 두말할 것 없이 하나님 자신이다. 그러나 하나님은 당신의 백성들을 통해, 그들을 동역자로 삼고 함께 일하시기를 기뻐하신다. 하나님은 선교의 위대한 과업을 성취함에 있어 마치 PD와 같이 전체를 주관하시고 통치하신다. 그 가운데 하나님의 백성들이 각자에게 주어진 배역을 충실히 감당하게 된다. 하나님의 백성들이 선교에 헌신하는 과정에서 세 단위로 참여하게 되는데, 선교사와 지역 교회, 그리고 선교 단체이다.

랄프 윈터(Ralph Winter)는 교회를 모달리티(modality)와 소달리티(sodality) 두 구조로 나눈다. 모달리티는 지역 교회를 가리키고 소달리티는 선교 단체를 가리킨다. 둘 다 본질적인 면에서는 그리스도의 몸인 교회이지만 모달리티는 회중 중심으로 누구나 참여할 수 있는 공동체인 반면에, 소달리티는 선교에 헌신한 사람들의 공동체이다. 그런 점에서 소달리티는 파라처치(para-church)라고 할 수 있다.

사도행전 13장을 보면, 보면 바울과 바나바가 안디옥교회에서 훈련받고 최초의 이방인 선교사로 파송된다. 안디옥교회는 모달리티이고, 바울과 바나바를 중심으로 한 선교팀은 소달리티이다. 모달리티는 지역 교회로서 지역을 섬기면서 선교를 위해 다른 지역으로 선교사를 파송하고, 소달리티는 지역 교회가 직접 감당하지 못하는 타 문화권을 섬기되 선교에 동원하고 지역 교회의 선교를 전문적으로 돕는다. 그러니까 사도행전이 제시하는 선교 모델은 선교사 바울, 그를 파송한 안디옥교회, 그리고 그와 더불어 선교 사역을 수행한 선교팀 등 세 단위가 협력한 것이다.

여기서 우리는 선교 사역을 수행하는 '선교의 삼각관계'를 확인하게 된다. 인간이 고안한 게 아니라 하나님의 아이디어(God's Idea)이다. 선교사, 지역 교회, 선교 단체 3자가 긴밀하게 협력하는 모델이다. 하나님이 삼위일체로 역사하시는 것처럼 우리에게도 협력을 요구하신다. 전도서 4장 9-12절을 보면 협력의 아름다운 모습이 묘사되어 있다.

" ⁹ 두 사람이 한 사람보다 나음은 그들이 수고함으로 좋은 상을 얻을 것임이라…¹² 한 사람이면 패하겠거니와 두 사람이면 맞설 수 있나니 세 겹줄은 쉽게

끊어지지 아니하느니라."

세 겹줄은 하나님이 함께하는 협력을 가리킨다. 선교는 본질적으로 팀 사역(team ministry)이므로, 선교의 삼각관계를 견고하게 구축하는 것은 건강하고 효과적인 선교를 위해 필수적이다.

1. 선교사 : 선교사는 최전방에서 선교 사역을 실제로 감당하는 사역자(field worker)이다. 비유하면 선교를 수행하는 선교의 손(missionary hand)인 셈이다.

2. 지역 교회 : 지역 교회(local church)는 선교의 자원을 발굴하고 선교사를 파송하는 모판 역할을 하는 선교의 몸체(missionary body)인 셈이다.

3. 선교 단체 : 선교 단체는 지역 교회와 별도로 조직된 전문기관(para-church)으로 선교사를 훈련, 파송, 그리고 관리하는 선교의 팔(missionary arm)인 셈이다.

선교사의 위치와 역할

선교에서 선교사의 위치와 역할은 아홉 가지로 정리할 수 있다.

1. 선교사는 세계 선교의 최전방에서 헌신하는 복음의 전사이다. 그러므로 선교사는 자부심과 동시에 무한한 책임감을 가져야 한다.

2. 선교사는 하나님의 부르심을 받은 자로 소명을 분명히 인식하고, 성실하게 선교 준비와 훈련에 임해야 한다. 선교지는 영적 전쟁이 치열하게 벌어지는 곳이다. 이런 말이 있다. "훈련할 때의 땀 한 방울은, 실전에서의 피 한 방울이다." 평소에 훈련을 잘 받아야 실전에서 능히 승리할 수 있다는 뜻이다. 이따금 지역 교회나 선교 단체에 소속되지 않고, 훈련도 온전히 받지 않은 채 의욕만 앞서 소위 독립군으로 선교지에 나가는 사람들을 본다. 사역의 효율성에도 문제가 있고, 혹시 모를 위급 상황이 발생하는 경우 큰 시험에 들 수 있으니 반드시 지역 교회와 선교 단체에 소속하고 소정의 훈련 과정을 거쳐야 한다.

3. 선교사는 지역 교회와 선교 단체와의 관계 이전에 '하나님 앞에 서'(Coram Deo) 최선을 다하는 자세를 견지해야 한다. 우리의 신앙이 그러하듯 하나님과 일대일 관계가 가장 중요하다. 하나님의 부르심을 받은 자로서 사람을 의식하기보다 하나님을 의식하며 신실한 자세로 헌신해야 한다.

4. 선교사는 지역 교회가 선교의 모체임을 기억하고 리더십과 지도, 관리, 순종, 협력 등 좋은 관계를 유지해야 한다. 필자의 교회의 경우, 선교 초창기에 선교사 지원자 중에 우월의식에 젖어 목회자와 교회 리더십을 선교적으로 무시한 나머지 영적인 지도를 잘 받지 않고 오직 선교 단체만 의지하는 사람이 있었다. 막상 선교지로 나갈 때가 되어 파송을 요청했지만 교회 리더십의 인정을 받지 못해 난감한 상황이 되었다. 부랴부랴 용서를 구하고 리더십에 순종할 것을 서약하고 파송됐지만 결국 좋은 선교사가 되지는 못했다. 두고두고 시행착오로 기억되는 사례였다.

5. 선교사는 지역 교회와 후원자 그룹의 네트워크를 형성하고 효과적인 동역과 원활한 커뮤니케이션을 도모해야 한다. 선교는 혼자 하는 게 아니라 함께하는 것이다. 기도와 재정 후원이 필수적인데, 지역 교회와 후원자 네트워크가 부실하면 선교사로서 역량을 발휘하지 못하고 선교 외톨이가 되기 쉽다. 가급적 파송 교회 외에도 많은 교회와 후원자들과 협력하면 마치 집을 지을 때 기둥을 많이 세우는 것처럼 견고한 선교적 지위를 유지할 수 있다. 파송 교회 하나만 의지하다가 담임 목사가 바뀌면서 파송 관계가 해지되어 난감해하는 선교사를 더러 보는데 정말 안타까운 일이 아닐 수 없다.

6. 선교사는 지역 교회의 동역자로서 필드에서 선교 사역을 감당할 뿐 아니라 지역 교회의 선교 동원에 기여해야 한다. 이를 위한 지속적인 선교 편지와 보고가 필요하다. 지역 교회에서 담임 목사나 선교 담당 목회

자가 성도들을 선교에 동원하지만, 가장 효과적인 것은 선교지에서 분투하는 선교사가 성도들에게 도전하면서 동원하는 것이다. 그래서 필자의 교회의 경우, 선교 초창기에 선교사 후보생이 선교지에 나가기 전 청년들을 격려하며 선교에 동원했을 때 여러 명의 단기 선교사가 나온 바 있다. 그리고 선교사가 한국을 방문할 때면 예배 시간이나 선교기도회에 초청해서 선교 보고를 청취한다. 그런 경우 선교 동원의 효과가 배가되는 것을 자주 경험한다.

7. 선교사는 선교 단체(혹은 교단선교부)의 멤버로 각종 규약을 준수하고, 소정의 훈련 과정을 이수할 뿐 아니라 리더십의 지도와 감독을 받으며 책무를 수행해야 한다. 지역 교회는 아무래도 선교의 전문성이 떨어진다. 선교사를 후원하고 영적으로 지도할 수 있지만, 사역적인 지도를 하는 데에는 한계가 있다. 그래서 선교사 지원자는 선교 단체에 소속되어 훈련 과정을 성실히 이수함으로 멤버십을 취득하고 사역의 지도를 받아야 한다. 그럴 때 팀 사역도 가능하고 효과적인 선교 사역을 수행할 수 있다.

8. 선교사는 선교 단체의 지부에 소속되어 팀 선교를 수행할 경우, 팀 리더나 동역자들과 조화로운 동역 관계를 유지해야 한다. 한국인은 협력이 잘 안 된다는 속설이 있다. 선교사의 세계에는 해당하지 않는다고 부정하기 힘들다. 선교사는 자신을 드러내려는 소영웅주의에 빠지지 말고, 다른 선교사들과 협력하는 것을 달갑게 여겨야 한다. 그럴 때 팀 사

역을 통해 풍성한 열매를 맺으며 진정한 선교의 기쁨을 맛볼 수 있다.

9. 선교사는 선교 단체의 멤버로서 선교 단체의 명예를 지키고, 선교 단체의 지속적인 발전에 기여해야 한다. 선교사는 어느 선교 단체 소속인가에 따라 그 위상이 달라진다. 동시에 선교 단체는 어느 선교사들이 멤버인가에 따라 그 위상이 달라진다. 그러니까 선교사와 선교 단체는 상호 간에 원원하는 관계이다.

지역 교회의 위치와 역할

선교에서 지역 교회의 위치와 역할은 여섯 가지이다.

1. 지역 교회(local church)의 본질은 선교이다. 에밀 브루너(Emil Brunner)는 교회의 선교적 본질을 강조하며 이렇게 말했다.

"불이 타오름으로써 존재하듯 교회는 선교함으로써 존재한다."

신약 최초의 교회인 예루살렘교회는 오순절 성령강림의 열매로 세워진 교회로 정말 훌륭한 교회였다(행 2:43-47). 예배, 교육, 구제, 교제, 증거 등을 통해 날로 성장했다. 그런데 한 가지 치명적인 약점이 있었다. 복음을 증거하기는 했는데 예루살렘 안에서 유대인에게만 증거했다. 예수님이 승천하시면서 하달한 지상명령에 불순종한 것이다. 사도행전 1장 8절 말씀대로 성령의 권능을 받고 예루살렘과 온 유대와 사마리아와 땅 끝까지 이르러 증인이 되어야 마땅했건만 부분적으로만 순종한 것이다. 부분 순종은 불순종이다. 그들이 이방인 선교를 빼먹은 것은 이방인에 대한 지독한 편견 때문이었다.

이를 안타깝게 여기신 주님이 스데반의 순교를 계기로 예루살렘교회의 유대인 성도들을 사방으로 흩어버리셨다(행 8:1). 이런 사태를 가리켜 밥 쇼그렌(Bob Sjogren)은 이렇게 갈파했다.

"행 1:8에 불순종하면 행 8:1 꼴이 된다."

그런데 스데반 순교 이후 박해를 피해 흩어진 자들이 멀리 안디옥까지 갔음에도 거기서도 유대인에게만 복음을 전하고 있었다. 주님이 얼마나 답답하셨을까! 다행히 무명의 개척자들이 이방인에게도 복음을 전파했고, 그때 수많은 이방인이 주님께 돌아왔다(행 11:19-21).

예루살렘교회가 그 소문을 듣게 되었고 바나바를 파송했다. 바나바는 혼자 감당할 수 없게 되자 바울을 동역자로 데려왔다. 이렇게 해서 안디옥교회가 세워지게 된 것이다. 그러니까 안디옥교회는 예루살렘교회의 장점을 벤치마킹하면서 유대인과 이방인이 함께 어우러진 공동체였다. 특별히 바나바와 바울을 최초의 이방인 선교사로 파송한 선교적 교회였다.

필자가 담임 목사로 부임했을 때 교회는 분열의 아픈 상처를 안고 있었다. 30대의 어린 목사로서 교회를 어떻게 이끌어야 할지 몰라 새벽마다 엎드려 눈물로 기도했다. 그때 하나님이 이상적 교회의 모델로 안디옥교회를 제시하셨다. 예루살렘교회를 넘어 안디옥교회를 지향하라는 명령이었다. 그 명령에 따라 선교적 본질에 충실했을 때 교회가 속히 치유됐고 선교적 교회로 건강하게 성장하게 됐다. 1993년 이후 2025년 현재 제 115호 선교사(장단기 선교사 포함)까지 파송했으니 선교적 교회를 주님이 얼마나 기뻐하시는지 알 수 있다. 지상의 모든 교회는 마땅히 선교적 교회여야 한다. 선교하는 교회는 특별한 게 아니라 정상적인 교회이다. 선교하지 않는 교회가 비정상적인 교회임을 알아야 한다. 교회가 성장해야 선교할 수 있는 게 아니라 선교하면 교회가 건강하게 성장하게 된다.

2. 밴 리이넨(Van Rheenen)은 이렇게 증거했다.

"지역 교회는 우주적 교회의 지체로 선교의 결과(result of mission)이며 동시에 선교의 도구(instrument of mission)이다."

지역 교회는 선교의 열매이다. 동시에 선교의 도구이다. 지역 교회가 선교에 헌신하면서 성장할 때 우주적 교회도 성장하고 그 완성을 향하여 확장해 나아간다. 주님의 재림의 때까지 이런 과정은 온 세상 모든 민족 가운데 지속될 것이다(마 24:14).

3. 지역 교회는 선교사를 발굴하는 선교의 모판이며 선교사를 파송하는 주체이다. 안디옥교회 공동체가 기도하는 가운데 성령의 지시에 따라 바울과 바나바를 파송한 예(행 13:1-3)를 보면, 지역 교회가 선교사 파송의 주체임을 알 수 있다. 지역 교회는 모든 멤버를 말씀으로 훈련하며 그 가운데 선교사를 선발하고 파송하게 된다.

4. 지역 교회는 선교의 모체로 선교사를 위한 기도와 재정을 공급하는 등 선교사를 후원하고 관리하는 역할을 감당한다. 지역 교회가 선교사를 파송한 후에는 지속적인 관계를 유지하며 기도와 재정으로 후원해야 한다. 더 나아가 리더십을 통해 선교사를 영적으로 지도하는 역할까지 감당해야 한다. 지역 교회의 영적인 젖줄이 선교사에게 연결되어 있을 때 열악한 선교지에서 능히 승리할 수 있는 것이다.

5. 지역 교회는 선교 단체의 전문적인 선교정보를 제공받고, 선교정책이나 선교전략의 자문을 받음으로써 선교의 효율성을 높여 가야 한다. 지역 교회는 아무리 성숙한 교회라고 해도 선교에 관한 한 전문성이 떨어질 수밖에 없다.

이를 겸손히 인정하고 선교 단체의 도움을 받으면 선교 전략적 차원에서 계속 발전하고 성숙해짐으로 효과적인 선교 사역을 수행하게 된다. 필자의 경우 담임 목사 부임 초기 구체적으로 어떻게 선교 사역을 감당해야 할지 모를 때 선교 단체를 통해 큰 도움을 받았다. 선교 자료나 서적 등을 제공받고 선교세미나에 참여하면서 선교적 시야가 활짝 열리게 됐다. 선교 단체가 주관한 단기 선교를 경험한 것은 후일 교회가 주관하는 단기 선교를 이끌어가는 데 중요한 지침이 되었다.

6. 지역 교회는 선교 단체에 각종 선교자원(people, prayer, property)을 제공하고 선교 단체와 함께 동반자 관계(partnership)를 공고히 해야 한다. 그 일환으로 지역 교회의 담임 목사 등 리더십이 선교 단체의 이사회에 참여하는 것도 바람직하다. 필자의 경우도 여러 선교 단체의 이사회에 참여하면서 기도와 재정으로 후원하는 한편 선교의 전문성을 키우는 데 큰 도움을 받았다. 이런 경험은 지역 교회의 선교 사역을 이끌어 가는 데 풍성한 자양분이 됐다. 선교 단체와 동반자로 긴밀히 협력하면 할수록 지역 교회의 선교 수준도 높아지게 된다.

선교 단체의 위치와 역할

선교에서 선교 단체의 위치와 역할은 일곱 가지이다.

1. 선교 단체는 지역 교회(local church)와 함께 우주적 교회(Universal

Church)의 지체로서 하나님 앞에서 동일한 위상과 사명을 갖고 있다.

2. 선교 단체는 지역 교회와 별도로 조직된 소달리티 혹은 파라처치로 선교의 전문성을 갖추고 지역 교회와 상호 존중하며 긴밀한 동반자 관계(partnership)를 구축해야 한다. 근자에는 지역 교회와 선교 단체의 관계가 많이 가까워졌지만 과거에는 상호 간에 보이지 않는 경계심 혹은 경쟁심으로 관계가 소원할 때도 있었다. 선교 단체의 본부 리더십은 지역 교회의 문을 부지런히 두드릴 필요가 있다. 목회자들은 선교적 시야가 열리기 전까지 선교 단체에 대해 무관심하거나 소극적이다. 선교 단체 쪽에서 적극적으로 다가갈 때 지역 교회 하나하나가 선교적 교회로 변화될 수 있다는 사실을 꼭 기억하면 좋겠다.

3. 선교 단체는 지역 교회와 더불어 선교사를 동원, 선발, 훈련, 파송, 관리, 감독하는 역할을 감당한다. 양자가 밀접하게 협력할 때 훌륭한 선교사를 세울 수 있고 선교의 풍성한 열매를 거둘 수 있다. 어떤 지역 교회는 독자적으로 선교사를 파송하는 경우가 있다. 그럴 경우 선교 사역이 전체적으로 부실해질 우려가 있다. 앞서 언급한 대로 지역 교회는 아무리 큰 교회라고 해도 선교적 전문성이 떨어질 수밖에 없기 때문이다. 지역 교회 편에서 선교 단체의 도움을 받으려는 자세가 있어야 하겠지만, 선교 단체 편에서도 선교사 지원자가 있을 때 반드시 지역 교회에 소속되어 리더십의 지도를 받도록 권고해야 한다. 그럴 때 양자가 협력하며 한국 교회의 선교를 바르게 이끌어 갈 수 있는 것이다.

4. 선교 단체는 선교사를 위한 멤버 케어에서부터 사역의 지도 감독에 이르기까지 선교사의 삶과 사역 일체를 섬기고 지도한다.

5. 선교 단체는 상대적으로 전문성이 떨어지는 지역 교회의 선교 동원에 기여해야 한다. 이를 위해 선교정보 제공, 선교교육 실시, 선교정책 컨설팅 등을 통해 지역 교회의 선교 효율성을 높여줘야 한다. 지역 교회가 어떻게 하면 선교적 교회가 될 수 있는지 로드맵을 제공해 주는 것도 아주 중요한 역할이다.

6. 선교 단체는 지역 교회의 담임 목사를 비롯한 리더십과 선교사 사이의 원활한 커뮤니케이션을 위해 상호 신뢰를 쌓으며 중간 역할을 감당해야 한다. 지역 교회가 선교사를 파송하지만 선교사의 사역에 관해 잘 파악하지 못할 때가 있다. 혹은 선교지에서 발생한 일에 대해 잘 모르고 있을 때도 있다. 그럴 경우 선교사와 지역 교회 사이에 갈등이 생기고 오해가 쌓일 수 있다. 평소에 선교사의 사역이나 재정 상황 등을 선교 단체에서 잘 파악하고 지역 교회에 보고해 주면 오해의 소지가 없다. 그럴 때 선교의 삼각관계가 견고해져서 기쁨으로 선교 사역을 수행할 수 있게 된다.

7. 선교 단체는 여타의 선교 단체나 교단 선교부와 파트너십을 형성함으로 한국 교회 전체의 선교를 보다 체계적으로 수행하는 데 기여해야 한다. 특정 지역에 선교사가 집중되고 중복 투자되는 비효율성을 극복하

는 체계적인 노력이 요구된다. 또한 경쟁이나 갈등이 발생하지 않도록 소속 선교사들에게 그리스도의 한 몸 의식을 고취시키는 것도 중요한 일이다.

선교의 삼각관계의 확장

선교사와 지역 교회, 그리고 선교 단체의 삼각관계를 잘 형성하는 것이 선교의 기본이지만 거기서 그쳐서는 안 된다. 선교사와 선교사, 지역 교회와 지역 교회, 그리고 선교 단체와 선교 단체의 관계에서도 상호 간에 연합 운동이 계속 확장되어 나아가야 한다. 세계 선교는 결국 우주적 교회의 확장과 완성이므로 연합 운동은 필수적이다. 한국세계 선교협의회(KWMA) 등 연합 기구들이 선교계의 협력에 있어 구심적 역할을 감당해 왔지만, 코로나19 팬데믹을 지나면서 새롭게 열린 온라인을 통해 더욱 크고 넓은 연합이 이루어질 것으로 기대한다.

필자가 이사장으로 섬기는 국제풀뿌리선교회는 한국독립교회선교단체연합회(KAICAM)의 회원단체로 초교파적이며 여러 지역 교회들, 선교사들, 선교 단체들이 연합할 수 있는 선교플랫폼의 역할을 감당하는 것을 그 사명으로 한다. 현재 선교지 목회자 훈련을 위한 풀뿌리세미나(성경신학, 선교신학, 목회신학)와 한인 선교사들의 역량강화를 위한 풀뿌리 말씀아카데미를 운용하고 있다. 이를 위해 70명이 넘는 교수, 선교사,

목회자 등으로 구성된 강사진을 확보한 상태이다. 오프라인으로 운용하던 것이 코로나19 덕분에 온라인으로 크게 확산되었다. 소속 교회와 단체가 서로 다를지라도 우주적 교회 완성이라는 선교적 성취를 위해 함께 연합하는 작은 모델이 되고 있다. 특별히 코로나19 팬데믹 상황에서 새롭게 열린 온라인 방식의 선교플랫폼 사역은 선교의 블루오션이 될 수 있으리라 전망해 본다.

나가는 말

우리 한국 교회는 세계 기독교 역사상 유례없는 성장을 이루었다. 한마디로 선교의 성공사례이다. 특별히 감사한 것은 한국 교회는 초기부터 선교하는 교회였다는 사실이다. 1907년 평양대부흥을 경험한 후 처음 선교사를 파송했다. 1907년 장로회 독노회가 이기풍 목사를 제주도로 파송한 이래 1940년대까지는 일본, 만주, 시베리아 등 해외 교포들을 위한 선교사를 파송하였다. 그러다가 1960년대와 1970년대 한국 교회의 부흥과 성장의 열매로 본격적인 선교사 파송이 이루어졌다. 물론 1980년대 초반까지만 해도 해외 교포를 위한 선교사가 태반이었고, 그나마 수백 명에 불과하였다. 그러나 이런 것들이 오늘날 한국 교회 선교의 씨앗이 되었음을 생각할 때 대견한 일이 아닐 수 없다. 마침내 한국 교회가 2만 명이 넘는 선교사를 파송하는 쾌거를 이룬 것을 생각하면 신기하고 놀라워 감사할 뿐이다.

한국 교회는 1990년대를 지나면서 양적으로 정체되고 질적으로 세속화된 부정적인 면이 없지 않다. 그럼에도 불구하고 많은 선교 단체가 생겨나고, 지역 교회마다 선교에 열심을 내는 모습을 보면 하나님의 큰 은혜라는 생각이 든다. 이는 한국 교회를 마지막 시대에 마지막 주자로 사용하시려는 하나님의 분명한 뜻이라 여겨진다. 코로나19 팬데믹이란 복병이 나타나 교회도 선교도 상당히 위축된 것은 부인할 수 없는 현실이다. 하지만 우리가 대오각성하고 정진하면 이사야 43장 19절 말씀대로 광야에 길을 내시고 사막에 강을 내시는 하나님께서 반드시 새 일을 행하실 것이다. 코로나19 사태 와중에 역설적으로 온라인 사역 같이 새로운 길이 활짝 열렸다. 온라인과 오프라인을 조화시킨 '하이브리드 선교'가 펼쳐지고 있는 것이다.

선교는 하나님이 보장하는 사역이다. 주님께서 마태복음 24장 14절에서 분명히 약속하셨다.

"이 천국 복음이 모든 민족에게 증언되기 위하여 온 세상에 전파되리니 그제야 끝이 오리라."

세계 선교의 과업이 완수되어야 재림이 이루어진다는 약속의 말씀이다. 그래서 이런 조크가 있다.

"아무리 세상이 어려워져도 절대로 망하지 않는 사업 두 가지가 있는데, 하나는 건재상이고 다른 하나는 선교이다!"

건재상은 그 이름 때문에 건재(?)하고, 선교는 주님이 보장하기 때문에 반드시 성취된다는 말이다. 우리가 선교의 주인이신 주님을 신뢰하면서 선교의 삼각관계를 충실히 실천한다면 한국 교회는 다시 한번 도약해서 '마지막 시대의 마지막 선교 주자'로서 우뚝 서게 될 줄로 확신한다. 아무쪼록 선교의 동역자로 우리 모두 하나 되어 새로운 '선교 한국'을 이루어 갈 수 있기를 바란다.

"내가 진실로 속히 오리라…아멘 주 예수여 오시옵소서!"(계 22:20)

나눔을 위한 질문들

1. 한국 교회 선교에 허점이 생기는 원인이 무엇인지 이야기해 보자.

2. 한국 교회 현장에서 선교의 삼각관계가 얼마나 잘 지켜지고 있는지 이야기해 보자.

3. 지역 교회 입장에서 선교사와 선교 단체에 고마운 점과 아쉬운 점을 이야기해 보자.

4. 선교 단체 입장에게 지역 교회에 고마운 점과 아쉬운 점을 이야기해 보자.

5. 각자 소속한 지역 교회가 앞으로 개선할 점이 무엇인지 이야기해 보자.

3장
지역 교회의 선교비전 공유 전략

3장
지역 교회의 선교비전 공유 전략

시작하는 말

"선교비전을 성도들과 어떻게 공유할 수 있는가"가 이 장의 주제이다. 이 질문은 목회자들이 이미 선교의 비전을 가지고 있다는 것을 전제한다. 이상적으로, 목회자들은 선교비전을 소유하고 있다고 볼 수 있다. 실제로 그런지에 대해 묻게 된다. 필자는 이 점에 대해 먼저 언급하고, 이 장의 주제를 다루고자 한다.

목회자의 선교비전 소유에 대해 묻는 데는 그럴 만한 이유가 있다. 성경과 교회역사와 우리 주변을 보면, 선교비전을 소유하는 것은 특별한 사람들의 몫이라 여기는 것을 보게 된다. 즉, 목회자라고 모두 선교비전을 가진 것은 아니었다. 그래서 교회를 섬기는 목회자가 선교비전을 목회비전으로 품었는지 여부를 질문할 필요가 있다.

선교비전을 품은 목회자와 성도에게 이 장의 내용은 훨씬 풍성하고 깊어질 것이다. 그렇지 않다면, 마음이 많이 불편해질 수 있다. 이 글을 준비하면서 한 번 더 읽은 패트릭 존스톤의 책 『교회는 당신의 생각보다 큽니다』는 필자에게 더없이 큰 유익을 주었다. 이 글을 읽는 독자에게도, 일독을 권한다.

이 글의 구성은 다음과 같다. 먼저 선교비전을 가지는 것은 무슨 의미인지에 대해 생각하겠다. 그리고 선교비전은 개인의 비전인지 아니면 교회의 비전인지를 살펴보겠다. 마지막으로, 선교비전과 관련해서 무엇을 어떻게 해야 하는지에 대한 원리와 방법을 나누겠다.

선교비전

선교비전이란?

교회의 주보에서 이런 표어를 발견할 때가 있다. 예를 들면, "1만 성도, 1백 선교사"와 같은 것이다. 선교비전을 갖는다는 말은 이런 식의 표어를 제시하는 것인가 아니면 "우리 교회는 선교사를 100가정 후원하고 있어요"라며 주보에 협력선교사들 이름을 소개하는 것을 말하는 것인가? 이것이 나쁜 것이 아니고 나름대로의 기능이 있지만, 적어도 선교비전으로 말하기에는 충분하지 않다.

우리는 여기서 한 걸음 더 나아가서, 교회의 선교비전이 무엇인지를 묻고 간단하게 정리해 보면 좋겠다. 한 문장으로 정리할 수 있으면 더욱 좋겠다. 예를 들면, 선교비전은 "교회에 속한 모든 성도가 타 문화 선교를 위해서 어떤 식으로든 참여하는 것"이라고 정의할 수 있다. 이제 이 문장을 조금 더 풀어서 설명해 보자.

모두의 선교

선교비전은 모든 성도가 품어야 하고 참여해야 한다. 주변에서 자주 볼 수 있듯이, 선교비전은 몇몇 특정인이 열심을 다해서 주장하거나 품고 참여하는 것이 아니다. 모든 성도가 참여하는 것이다. 교회의 구성원 중에서 남녀노소를 무론하고 신앙을 가진 사람이라면 누구나 참여하는 것이다. 선교위원들만 참여하는 사업이 아니라 성도들도 참여하는 것이며, 어른들만 참여하는 것이 아니라 어린아이까지도 참여하게 하는 것이 바로 모두의 선교이다. 어떤 교회의 경우, 마치 선교는 뜻있는 청년 몇 명의 전유물처럼 여기는 듯한 모습도 있다. 이는 바꾸어야 하는 모습이고, 성경이 말하는 것도 아니다. 요즘 지역 교회 내에서 장년들만 혹은 청년들만 선교한다고 말하는 모습을 종종 본다. 이것은 바람직하지 않다. 선교는 교회 내의 모든 세대가 참여해야 하고 참여할 수 있는 일이다.

교회의 선교

선교란 한 개인이 참여하는 과업이나 비전이 아니라 교회 공동체가 참여해야 하는 하나님의 선교이다. 이 말이 당연하게 들릴 수 있다. 그러나 당연한 것이 실제로는 실천되지 않는 모습을 본다.

필자가 교회의 선교 참여를 말할 때, 듣는 사람들은 선교 열정에 불타는 목회자만 참여하거나 교회 안에서도 특별한 몇몇 사람의 참여로 축소하여 듣는 것을 본다. 참으로 안타까운 경우이다. 그렇다면 교회 공동체 전체가 선교하는 모습은 어떤 것인가? 우리나라 지역 교회에서는 목회자의 관심사가 곧 교회의 관심사요, 목회자의 선교 목표가 곧 교회의 선교목표로 고정되는 경우가 흔하다. 이것이 꼭 잘못된 것은 아니지만 목회자 한 사람에 의해서 꾸려지고 운영되는 선교가 진정 교회의 선교라고 할 수 있는지에 대해서 점검하는 것이 필요하다. 목회자들은 교회를 위해서 헌신하는 분들이다. 그러나 목회자가 모든 것의 기준일 수는 없다. 이런 방식으로 교회가 운영되면, 목회자는 지나치게 과중한 부담을 져야 할 뿐 아니라 자칫 독단적인 태도로 교회의 사명을 규정하는 위험을 초래할 수 있다.

복음주의 기독교인은 성경을 신앙의 유일한 기준으로 삼는다. 선교도 성경을 기준으로 삼아야 한다. 성경을 보면 선교가 무엇이며 어떻게 참여해야 하는지 힌트를 얻을 수 있다. 사도행전 13장을 보라. 안디옥교회가 선교사를 보내기 위해서 금식하고 기도한 후에 요즘으로 말하면 담임 목사를 선교사로 보낸다. (모든 교회가 담임 목사를 선교사로 파송해야 한다는 뜻이 아니다.) 그것은 담임 목회자의 뜻이 아니라 하나님의 뜻이었다. 그 뜻은 만들어 낸 것이 아니라 주어진 뜻이었다. 교회의 선교는 교회의 주인이신 하나님의 뜻에서 비롯되고 진행된다. 그렇기 때문에 교회의 선교는 특정한 개인의 비전이거나 참여로만 되어서는 안 된다. 교회의 선교비전은 교회의 머리 되신 예수 그리스도께서 주셨고, 주시는 것이다.

참여하는 것

선교가 무엇인지 아는 것이 선교하는 것은 아니다. 어떤 것을 이상적인 생각이나 개념으로 파악한 후 그것을 알고 있다고 생각할 수 있다. 그러나 선교는 그렇지 않다. 교회 구성원들이 구체적으로 참여하며 실천해야 한다. 특정인만이 아니라 하나님이 교회에 주신 것이라고 한다면 목회자나 특정한 성도 개인에 국한되지 않고 모든 성도의 것이 되어야 하는 것이다. 그렇게 될 때에 가장 두드러지게 나타나는 모습은 모든 성도가 선교에 참여하게 된다는 것이다. 어린이와 노년층까지 함께 선교에 참여하게 되는 것이다. 선교비전을 가질 때 우리가 경험할 수 있는 놀라운 모습이다.

"너희의 자녀들은 예언할 것이요 너희의 젊은이들은 환상을 보고 너희의 늙은이들은 꿈을 꾸리라"(행 2:17)라고 말씀하신 것을 교회 안에서 경험하게 되는 것이다. 바로 모두가 참여하는 선교이다.

이렇게 하기 위해서 정말 필요한 일은 무엇인가? 그것은 선교비전의 공유이고 확산이다. 특정인의 비전이 아니라 모든 성도들이 공유하는 것이다. 이것이 성경이 가르치는 것이다.

물론 쉽지 않다. 많은 성도들이 이미 가지고 있는 생각으로 인해서 한계도 있다. 여전히 자기중심적인 사고와 문화, 태도가 있기 때문이다. 회심하고 신앙생활을 한다고 하지만 지나온 역사가 보여주는 것처럼 여전히 내부자 중심의 방향을 취할 수 있다. 내 교회, 내 성도, 내 가족 중심의 신앙생활을 할 수도 있다. 신앙생활을 더 잘하려고 자신의 공간을 마련하고 다양한 시설과 제도를 만든다. 우리는 이 일에 많은 힘을 집중한다. 이것들이 마땅하고 필요하지만, 자기중심적으로 흐르면 결국 교회는 경화(硬化)되고 만다. 교회가 설립목적을 잃어버린 채로 유명무실한 존재가 될 위험이 있다.

선교비전을 공유하기 위한 주요 원리들

선교비전의 공유 원리들에 대해 언급하기 전에 한 가지 꼭 일러둘 말이 있다. 흔히 선교비전을 공유하다 보면 장애물들을 만나게 된다. 선교비전을 공유할 때에 넘어야 하는 산이 있고 건너야 하는 강이 있다.

"교회가 선교하는 것은 당연한 것 아니야! 그런데 왜 선교가 안 될까? 왜 성도들은 선교에 참여하는 것이 이토록 저조할까?"

이런 질문을 할 수 있다. 선교에 대한 비전과 열정을 가지고 말을 해도, 좀처럼 같은 마음으로 받아들이는 이들을 보기가 어려울 수 있다.

선한 의도를 가지고 말하는데도 말이다. 목회일선에 계신 분들의 이야기를 들어보면 성도들의 사고와 태도는 쉽게 바뀌지 않는다고 한다. 세계 선교비전이 성도들에게 쉽게 공유되고 확산되지 않을 수 있다는 사실을 이해해야 한다. 따라서 더 하나님을 의지함으로 선교비전을 공유하려 해야 할 것이다.

이제 선교비전을 공유하는 구체적인 방법 다섯 가지를 소개하고자 한다. 다양한 구체적인 실천 방법들도 있지만, 지면의 한계도 있고 지역 교회의 고유한 특성과 상황을 고려하여 주요 원리들을 중심으로 정리했다. 방법은 수만 가지가 될 수도 있지만 원리는 단순하고 명료하기 때문이다. 필자가 제시하는 원리들을 기초로 지역 교회에 꼭 맞는 방법을 만들고 적용하면 좋겠다.

동심원의 원리를 기억하라

선교비전을 공유할 때에 동심원의 원리를 참고하자. 동심원의 원리란, 다른 장작에 불을 붙이려 한다면 중심부에 있는 장작에 불이 타올라야 옆에 있는 장작에도 불이 붙는다는 원리이다. 다른 곳에 불을 붙이려면 자신이 먼저 불타올라야 한다. 나 자신이 먼저 하나님의 선교비전에 사로잡혀 있어야 그 비전을 다른 누군가에게 확산하고 공유할 수 있다. 특히 목회자는 더 분명하고도 명확한 선교비전을 가지고 있어야 한다. 교회는 선교에서 시작되었다. 교회 설립은 기독교 역사가 보여주듯이 하나님의 뜻에 순종한 선교사와 선교에 의해서 세워졌고 계속해서 세워지고 있다.

　목회자가 선교에 대한 비전과 이해가 분명할 때 성도들에게 선교의 비전을 나눌 수 있다. 내가 가지지 않은 것을 누군가에게 나눌 수는 없다. 결국 캐물어야 하고 확인되어야 하는 것은 목회자의 선교비전이다. "왜 목회자냐?"라고 물을 수 있다. 우리가 잘 아는 대로 우리나라에서 지역 교회의 리더십에서 목회자가 차지하는 비중은 너무도 크다. 영향력에 있어서 목회자가 그 누구보다 크다는 사실은 분명하다. 목회자가 가진 자신의 소명과 책임감, 그리고 선교에 대한 생각과 이해의 정도가 성도들에게 선교비전을 확산하는 데 있어서 결정적이라고 할 수 있다.

　목회자가 선교비전을 자신의 목회비전의 중심에 두었는가? 이 물음에 "예"라는 답을 할 수 있어야 한다. 목회자가 이 질문에 대답을 할 수 있어야 공유는 가능하다. 목회자가 선교비전을 품지 않았는데, 교회와 성도들이 선교비전에 사로잡힌다는 것은 어울리지 않는 말이다. 이것이 가장 중요한 지점이다. 목회자의 중심생각, 즉 목회철학이 무엇이냐에 따라서 목회현장이 다르게 펼쳐진다.

　이충성 선교사가 지역 교회 내에서 동심원의 원리를 이용한 선교비전을 공유하는 전략을 잘 설명했다. 이 선교사는 이 전략을 네 단계로 구분하였다. 다만, 단계와 단계 사이가 명확히 구분되지 않고 애매모호하고 서로 섞여 있다. 즉, 1단계를 완료해야만 2단계로 넘어갈 수 있다는 것이 아니다. 오히려 지금은 이것을 하고 있지만, 다음은 무엇을 해야 할지를 알고 필요한 준비를 하는데, 이 네 단계를 이해하면 좋겠다.

제1단계는 선교교육이다. 제2단계는 교회 안에 다양한 '선교활동'을 만들어 성도들을 참여하도록 돕는 것이다. 제3단계는 선교사를 '파송'하는 것이다. 독자적으로 파송하기 어려우면 다른 교회들과 협력해서 파송하거나 후원할 수 있다. 제4단계는 '조직화' 단계로 이제까지 선교활동과 선교사 파송으로 축적한 경험을 조직화하고 영속화하는 과정이다. 선교부 등 해당 조직을 만들고 전문적인 인력을 양성한다. 규정을 정리하고 전문 선교 단체가 해야 할 일인지 교회 내부에서 해야 할 일인지를 구분하며 선교행정을 진행해 나간다.

일상 속에 녹여내라

선교비전을 공유하는 일은 현실에서 멀리 있는 게 아니다. 선교비전이 특별한 시간에 특별한 공간에서 특별한 사람들의 일로 취급되어 차별되지 않아야 한다. 선교가 일상에서 멀어져 있기 때문에 선교에 참여시키기 위한 훈련도 일상과 괴리된 형식으로 진행되기 쉽다. 그래서 특별한 시간에 특별한 공간에서 특별한 내용을 진행하려고 한다.

하나님의 선교에 참여하는 이들이 교회의 모든 성도들이어야 하고 모든 성도들이 선교에 참여하는 다양하고도 폭넓은 방식을 시도하고 참여하도록 돕는 것은 교회가 해야 하는 여러 사역 중에서 단연 으뜸이 되어야 하는 사역일 것이다. 그 길은 일상 속에서 선교 참여가 일어나도록 개발하고 섬세하게 만들어 참여하도록 해야 한다.

방법은 다양할 것이다. 예를 들면, 매일 묵상하는 성도들이 선교에 참여하도록 장치하는 것도 한 방법일 것이다. GT(세계를 품는 그리스도인들의 매일성경 묵상집)라는 묵상집을 이용하는 것도 한 방법이다. 또는 카톡을 이용해서 구역별로 선교사들의 기도제목을 나누고 기도하게 할 수 있다. 소그룹별로 선교사 가정을 배정하고 기도와 후원의 관계로 맺어 주는 것도 한 방법이다.

반복하라

사람들은 쉽게 잊어버린다. 선교비전을 공유하는 최적의 방법은 반복하는 것이다. 물론 기계적이고 형식적이 되지 않도록 주의해야 한다. 다시 말해, 선교에 참여하는 기쁨과 의미를 잃지 않도록 다양한 기회를 제공해야 한다. 모든 성도들에게 선교에 동참할 수 있도록 노출시켜야 한다. 훈련의 기회를 제공하고 가능하다면 비전 트립도 참여하게 기회를 만들어야 한다.

이렇게 선교비전을 공유하는 데 있어서 반복하는 길 중의 하나로 담임 목사님의 설교를 제안한다. 설교 계획을 세울 때 일 년에 한 번 선교 주일에 외부강사나 선교사를 초청해서 설교를 듣는 계획도 좋다. 이런 연간 설교 계획의 범주를 넘어서서 매달 한 번 정도는 꼭 선교메시지를 선포하는 방식이 무엇보다 좋은 방법이 될 것이다.

우리의 사회와 상황은 더 이상 선교와 분리해서 생각할 수 없는 상황이다. 250만 명이 넘는 이주민의 시대, 그리고 글로벌 시대이다. 우리가 살아가는 현장에서는 이미 타 문화권 사람들을 너무도 쉽게 만날 수 있고, 그들은 우리의 이웃이다. 그들을 향하여 성도들이 무엇을 어떻게 해야 하는지를 말해 주는 메시지는 당연히 선교적인 통찰과 메시지를 담아야 하는 것이다. 방법은 다양할 것이다. 교회마다 처해 있는 상황은 다양하기에 시도해 볼 수 있는 방법도 다양하지만 창의적인 방법들이 있을 것이다.

이 방법들을 찾기 위해서 우리는 성령 하나님을 의지해야 한다. 하나님의 인도를 구해야 한다. 하나님은 약속하셨다.

"네 입을 크게 열라. 내가 채우리라"(시 81:10).

설교에 있어서 성도들의 상황과 성경의 메시지를 연결하기 위해서 애를 쓰시는 목사님들의 강청을 하나님이 들으시고 메시지를 준비할 때마다 가장 좋은 길로 인도해 주실 것이다.

참여하게 하라

수영을 배울 때는 반드시 수영장이나 물에서 배운다. 선교비전을 공유하고 선교에 참여하는 것도 마찬가지다. 수영을 교실에서 다 배울 수 있는 것처럼 생각하는 사람은 없을 것이다. 하지만 선교를 강의실이나 예배당에서 배울 수 있는 것처럼 오해하는 사람들은 있는 것 같다. 이것은 가능하지 않다.

선교는 이론이 아니라 실천을 동반해야 한다. 선교는 참여하는 것이다. 헤엄을 쳐야 수영인 것처럼 선교는 반드시 참여해야 선교를 알고 비전을 공유하게 된다. 그것이 없이는 진정 선교를 공유할 수 있는 길은 없다. 실천적인 참여 없이 선교를 배우려고 하면 선교에 대한 왜곡이 일어난다.

어떻게 하면 성도들이 선교에 참여할 수 있는가? 어린아이부터 노년에 이르기까지 참여시킬 수 있는 방법들은 많다. 내가 직접 선교사로 헌신할 수 있지만 이미 선교사로 헌신하신 분들과 함께할 수 있는 참여의 길도 있다. 가장 중요하고 쉽게 참여할 수 있는 방법은 바로 기도이다. 기도에 대해서는 이어서 다룰 것이다. 기도하고 헌금하고, 선교사와 연결되어서 소식을 나누고, 비전 트립에 참여하고, 훈련받고, 또 기회가 되면 단기 선교에 참여하고 그렇게 살다가 하나님의 선교에 더 깊이 참여할 수 있게 되는 것이다. 이러한 과정 속에서 교회에 주신 선교의 비전,

그리고 각 사람에게 주신 선교의 비전은 또 다른 성도들에게 온전히 확산되는 것이다.

기도하라

선교비전을 공유하는 가장 분명한 방법은 기도이다. 선교가 하나님의 선교라면 기도는 하나님의 선교에 참여하는 가장 올바른 방법이며 중요한 방법이다. 선교사는 하나님의 보내심을 받은 사람이다. 그가 보내신 분의 뜻을 모르고 행하면 그 일은 보내신 분의 일을 하는 것이 아니다. 보내신 분의 뜻을 알기 위해서는 보내신 분과 오랜 시간 함께하고 대화해야 한다. 그래서 보내신 분과 소통하고 그분께 묻고 답을 들은 후에 그분이 원하는 일을 감당할 수 있는 것이다. 보내신 분과 함께하고 대화하는 것이 기도이다. 그렇게 할 때에 지금, 여기서 선교사가 해야 할 일이 무엇인지를 알고 또 들은 바를 순종하는 것이 선교에 있어서 중요한 것이다.

선교사들이 선교하지 않고 일만 할 수 있다. 하나님 없이 일만 할 수 있다. 자신의 경험을 의지할 수 있다. 그런 일은 하나님의 일이 아닐 수 있다. 하나님이 없는 가운데 행한 일은 하나님의 선교가 아니다. 하나님께로부터 오지 않은 선택과 결정, 과정을 선교사가 할 수 있다. 자신의 이름과 힘으로 일할 수도 있다. 그것은 자신의 일이기는 하지만 선교는 아니다. 선교사가 하는 모든 일이 선교가 아니다. 선교사가 하는 모든 기도는 선교이다. 하나님과 연결되어 있어야 하나님의 선교이다. 선교사는 하나님과 선교지의 사람들을 연결하는 사람이다. 기도가 그 연결이다.

하나님과 함께하는 게 선교이다. 기도는 하나님과 함께하는 수단이다. 그 수단을 통하지 않고 하나님의 일, 하나님의 선교는 일어날 수 없다. 그러므로 선교비전을 공유하는 데 있어서 기도만큼 분명하고 명확한 방법은 없다. 또 힘 있는 방법도 없다. 교회의 성도들로 하여금 기도하게 해야 한다. 기도함으로 선교하는 것임을 보여주고 참여하도록 해야 한다. 성경이 교본이다. 성경에 선교의 방법으로서 기도가 있다. 성경에 선교의 능력으로서 기도가 있다. 그렇다고 한다면 선교비전을 공유하는 처음이요 마지막 방법은 기도이다. 가장 강력한 방법은 기도이다. 선교비전을 공유하려고 할 때 이 핵심을 잃어버리거나 무시하지 말아야 한다.

이상의 선교비전을 공유하는 다섯 가지 주요 원리들을 참고하면서 구체적인 방법에 있어서는 유연하게 다양한 방법을 시도하고 사용할 수 있다. 이는 마치 토양에 따라 심을 수 있는 나무가 다른 것처럼, 각 지역 교회에서 선교비전 공유를 위해 사용할 수 있는 방법은 다양하다. 한 문장으로 정리하면 이렇다. 우선 원리를 명확히, 그런 뒤에 방법은 다양하게! 이 둘의 순서를 바꾸어서는 안 된다. 특정 방법을 고집할 필요가 없다. 원칙에는 보수적이고 방법에는 유연해야 한다.

선교비전 공유하는 방법 제안

선교비전을 공유하는 방법들 여덟 가지를 제안하겠다. 이미 시행되는 것들이기도 한다. 그리고 언제든지 변화를 주어도 되는 것이다.

기도회/선교기도회

선교비전을 확산하기 위해서 가장 먼저 시작할 수 있고 항상 할 수 있는 방법은 기도이다. 기도는 방법이자, 목표이자, 과정이다. 교회가 기도하면 사역은 진행된다. 기도할 때 사역이 주어지기도 하고 일어나기도 하고 변하기도 한다. 선교에 있어서도 기도만큼 중요한 것이 없음을 인식한다면 무엇보다 먼저 기도를 할 것이다. 기도함으로 성도들을 선교 속으로 끌어당길 수 있다.

기도를 해야 한다는 원칙에는 동의를 하는데 정작 어떻게 해야 하는지에 대해서 고민이 있을 수 있다. 선교 단체의 도움을 받으라. 많은 선교 단체들은 교회와 대화하고 함께 동역하기를 기다리고 그 길을 찾고 있다. 많은 선교 단체들이 매월 발행하는 기도 소식지들을 활용하라. 놀라운 일을 경험하게 될 것이다. 조금만 관심을 갖는다면 기도 소식지는 여러 선교 단체에서 쉽게 구할 수 있다. 최근에는 카톡을 이용해서 기도단을 모집하고 기도를 지속하는 선교 단체도 있다.

선교교육

선교비전을 공유하는 첫 단계로서 성도들의 의식이 선교에 맞닿아 있도록 해야 한다. 이것을 위해서 교육을 시행하는 게 좋은 방법이 될 것이다. 지역 교회에서 사용할 수 있는 선교교육이 다양하게 있다. 예를 들면, 카이로스 선교훈련, 퍼스펙티브스(Perspectives), LAMS 선교학교, 교회 선교학교 세미나, 열방씨앗학교 같은 것들이다.

교육에는 두 가지 방식이 가능하다. 하나는, 외부에서 진행하는 훈련에 교회 성도들을 보내서 참가시키는 방식이다. 이때도 두 가지 방법을 생각해 볼 수 있다. 외부 훈련을 외부 장소에서 진행하는 경우에 참여하는 것과 외부 훈련이지만 교회 안에서 진행하여 참가시키는 방법이다. 퍼스펙티브스의 경우에는 성도들을 보내서 참여시키는 방법으로 추천할 만하다. 나머지는 교회에서 시도해 볼 수 있다. 카이로스 코스와 LAMS의 경우는 좀 더 유연하게 진행해 볼 수 있는 외부훈련이다.

또한, 교회가 자체적으로 설계해서 훈련을 진행할 수도 있다. 예를 들면, 사랑의교회와 수영로교회, 온누리교회 등에서 이미 실행하고 있는 프로그램이다. 작은 규모의 교회도 그렇게 할 수 있다. GBT가 준비하고 진행했던 열방씨앗학교가 좋은 사례인데 유, 초, 중등학교 학생들을 위해서 선교교육을 받을 수 있도록 준비되어 있다.

선교부흥회

대부분의 교회가 1년에 한두 차례 정도는 부흥회를 한다. 그 시기는 교회마다 목회일정에 따라서 다르다. 서울 상암동의 나눔교회의 경우를 보면, 봄과 가을에 각각 한 번씩 부흥회를 한다. 그런 심령부흥회, 부흥사경회를 선교부흥회로 바꾸어서 진행해 보면 선교비전 확산을 위해서 더없이 좋은 기회가 될 것이라고 생각되어 제안한다. 강사 선정은 선교단체를 통하면 도움을 받을 수 있다.

선교 설교

목회자의 선교비전을 성도들에게 확산시키고 공유하는 다양한 방법 중에서 담임 목사님의 설교만큼 강력한 것이 없다. 이것이 왜 강력하다고 말하는가? 먼저 목사님의 중요함 때문이다. 하나님의 부르심을 받은 목회자요, 교회를 위해서 온 맘을 다해서 헌신하고 계시기 때문이다. 특히 선교 설교를 하는 데 있어서 설교의 내용은 설교를 하시는 목사님이 선교와 깊은 관련을 갖고 계신 분이므로 선교 설교를 하실 때 강력한 영향력을 갖게 된다. 선교비전을 품은 담임 목사님의 메시지는 그만큼 강력하다.

두 번째는 설교라는 형식이 가진 힘 때문이다. 설교를 위한 설교가 아니라 성도들의 영혼을 위하여 준비한 영혼의 양식으로서 설교가 무엇보다도 영향력이 강력하다. 목회자는 선교 주제로 설교하기를 주저하지 말아야 한다. 이렇게 말을 하면 내 전공이 아니라고 생각할 수 있다. 하지만 이것은 전공의 문제가 아닐 수 있다. 설교할 때에 성도들의 변화를 위해서, 성장을 위해서, 위로하고 격려하는 것은 중요하다. 나아가 하나님이 없는 영혼들을 향한 하나님의 사랑의 마음을 성도들에게 들려주는 것은 엄청난 힘을 가진다. 이렇게 할 때 성도들은 선교에 대해서 훨씬 능동적이고 수용적으로 반응할 것이다.

크리스토퍼 라이트(Christopher J. H. Wright)는 성경의 거의 모든 본문을 통해서 선교 메시지를 선포할 수 있다고 말했다. 특히 구약성경에서 어떻게 선교 메시지를 끄집어 낼 수 있는지 물을 수 있지만, 구약학자인 크리스토퍼 라이트는 『하나님의 선교』에서 구약 본문으로 선교 메시지를 드러내는 것을 잘 보여주었다. 필자가 단순히 기승전 선교라고 말하려는 게 아니다. 성경은 선교의 과정 중에 만들어진 책이다. 특히 신약성경의 대부분이 그런 역사적 배경에서 만들어졌다.

다시 말해서, 성경과 선교는 떼려야 뗄 수 없는 상관성을 가졌다. 그럼에도 불구하고 선교 메시지를 자주 전하는 목회자는 적어 보인다. 많은 설교를 하고, 주제설교, 강해설교, 교리설교를 한다. 그러나 정작 복음전도와 선교의 메시지를 전하는 일은 힘겨워 한다. 성도들의 입장에서 선교에 대한 메시지를 담임 목사님으로부터 듣게 된다면 선교비전은 확실하게 갖게 될 것이다. 그것도 반복해서 들려준다면 더 견고한 비전 가운데 바로 설 것이다. 필자는 이 방법을 가장 추천한다.

비전 트립

비전 트립은 선교비전을 공유하는 또 하나의 좋은 방법이다. '단기 선교'가 아닌 '비전 트립'이다. 많은 교회들이 비전 트립이라는 말을 교회에서 사용하기에 조금은 불편해 하는 듯 하다. 마치 선교지를 여행하는 듯한 뉘앙스를 풍기기 때문인가? 사실 많은 비용을 들여서 선교지를 방문하고 그곳에서 힘이 다하도록 수고하고 일하는 것에 익숙한 우리에게 트립(trip)이라는 언어가 불편할지 모른다. 여행이라는 이미지를 없앨 수는 없을 것이다. 사실 약 1,2주 정도의 짧은 시간을 사용해서 엄청난 선교사역을 할 수 없다. 여러 가지를 고려할 때, 여행이라는 표현이 더 적합할 것이다.

단기 선교 여행은 하나님의 놀라운 인도와 역사, 그리고 자신을 향한 비전을 얻을 뿐 아니라 다양한 결과를 만들어 낼 수 있다. 교회는 이런 기회들에 열려 있어야 하고 적극적이어야 한다. 비전 트립을 통해서 우리가 상상하는 것 이상의 것을 얻게 된다. 선교지도력, 선교현장 이해, 선교문화 이해, 팀워크, 선교지의 영적전쟁, 믿음 선교 등의 다양한 주제들을 체험을 통해서 배우게 된다.

선교헌금

주님은 분명히 "네 보물 있는 그곳에는 네 마음도 있다"고 하셨다. 성도들에게 선교비전을 공유하는 방법 중에서 선교헌금을 하게 하는 것은 강력한 방법 중의 하나이다. 많은 사람들은 "마음이 있으면 되지?"라고 말하기도 한다. 마음이 있어야 한다. 하지만 마음만 있으면 곤란하다. 마음과 손, 마음과 몸이 함께 가야 한다. 그 몸이 가는 방법 중에 하나가 헌금이다.

헌금하는 일에도 모든 세대가 참여하게 해야 한다. 금액의 많고 적음을 떠나서 모든 성도들이 참여하게 만들어야 한다. 그렇게 참여해서 마련된 선교헌금이 구체적으로 누구에게 전달되는지 과정을 투명하고 구체적으로 밝힘으로 성도들로 하여금 자신이 선교에 참여하고 있음을 알게 해야 한다. 그렇게 하면 틈틈이 들려오는 선교사의 소식으로 인해서 헌금하시는 분들의 훨씬 의미 있는 선교 이해와 참여가 일어나게 될 것이다.

선교사와 끈 맺기

마지막으로 선교사와 친분을 쌓고 소통하는 것이다. 장단점이 있을 수 있지만 다양한 교회의 사례를 볼 때 감히 추천을 한다. 많은 교회들이 선교위원회 중심으로 선교사를 뽑고 후원하고 또 파송 선교사를 찾는데 그렇게 찾은 선교사를 위해서 모든 성도들이 구체적으로 참여하고 선교의 비전을 공유할 수 있도록 하는 한 방법은 그렇게 세워진 선교사 가정을 교구나 구역에서 할애해서 기도하고 지원하는 것이다. 이 방법도 교회의 사정에 따라서 다양하게 시도해 볼 수 있겠다.

이웃 되기

이제 우리 주변에는 수많은 이주민들이 와 있다. 문턱을 넘어가면 이미 가까이 다가와 있는 수많은 외국인들이 있다. 우리가 비용과 시간을 들여서 나갔던 과거와 달리 지하철을 타도, 공원을 나가도 우리의 이웃으로 이주민들이 있다.

그들을 위한 일도 선교에 참여하는 방법이기도 하다. 그들과 좋은 친구가 되는 것, 그들의 필요에 조금만 민감하면 그들의 정서적 필요, 의료, 법, 행정, 재정과 같은 실질적 필요, 언어, 그리고 영적인 필요를 알게 되면 그들에게 도움을 줄 수 있다. 나그네 된 그들의 마음은 우리가 알고 있는 것보다 훨씬 유연하고 개방적이며 절실하다. 그런 상황에 잘 반응하도록 준비되어 있으면 우리는 특별한 선교 참여의 기회를 얻게 될 것이다.

나가는 말

이 장에서 지역 교회의 선교비전 공유에 대해서 이야기를 해 보았다. 목사님들의 가슴에 불타는 선교비전이 혼자만의 비전으로 불타다 꺼지는 게 아니라 온 교회 성도가 남녀노소를 불문하고 함께 불타오르는 비전이 되기를 바란다.

필자가 앞에서 언급한 내용들은 말 그대로 제안이다. 언제, 어떻게, 누구를 대상으로 할 것인가에 대한 결정은 각 지역 교회가 적절히 결정하는 것이 좋다. 교회의 사정을 가장 잘 아는 이는 하나님 다음으로 교회의 목회자이다. 다양한 상황들을 고려하고 시도해 볼 수 있는 것들을 시도하면 좋겠다.

그래서 교회의 모든 성도가 세계를 품은 그리스도인이 되기를 기대한다. 교회의 모든 성도가 선교에 참여하며 뜨겁게 사랑하고 헌신하고 순종하기를 기대한다. 더 없이 기쁘고 활기 넘치는 성도들로 인해서 선교의 비전이 온전히 공유되고 또 비전을 성취하는 지역 교회의 모습을 간절히 소망한다.

부록.
스티브 호크와 빌 테일러가 제안한 지역 교회 선교 참여 10단계

스티브 호크(Steve Hoke)와 빌 테일러(Bill Taylor)는 교회와 개인이 선교에 대해 계속 다음 단계로 나아갈 것을 권하고, 평생 선교사역에 동참할 것을 권했다. 각 단계별 내용은 다음과 같다.

1. 개인영성훈련 – 영적인 연마
2. 팀을 형성하는 몸을 이루는 삶 – 지혜로운 리더들과 관계를 맺고 따르라
3. 다른 문화와 접촉 – 본국에서 다양한 문화접촉
4. 기본 학력과 교육 지적인 수준 향상 현장연결
5. 파송을 위한 준비 교회나 선교 단체와 깊은 관계를 맺으라
6. 현지와 선교팀을 연구 사역 역할과 임무를 조사하라
7. 현장에서 선교사 훈련 선교실무 훈련 정착과 결속
8. 도제 훈련과 인턴훈련 현장의 인턴십 훈련
9. 평생학습 – 현장 교육 현장에서 지속적인 성장
10. 튼튼하고 멋있게 끝맺으라 – 여정의 종료

나눔을 위한 질문들

1. 우리 교회의 선교비전은 어느 정도 공유되어 있을까? 10점 만점으로 할 때 점수를 매겨 보고, 그 이유를 나눠 보자.

2. 우리 교회의 선교비전 공유의 점수가 5점 아래라고 점수를 주었다면 내가 생각하는 선교비전의 공유 방법들은 무엇이라고 생각하는가? 목회자가 취할 수 있는 방법, 선교위원회가 취할 수 있는 방법, 성도가 참여할 수 있는 방법은 어떤 것이 있을까? 자신이 생각하는 바를 나누어 보자.

3. 지금 현재 교회의 상황(형편)을 볼 때, 성도가 참여할 수 있는 선교비전 공유 방법 중에서 가장 먼저 실행되어야 할 부분은 무엇이라고 생각하는지 나누어 보자.

4장
지역 교회의 선교 행사 기획

4장
지역 교회의 선교 행사 기획

들어가는 말

지난 몇 년간은 코로나19 팬데믹으로 인해 교회의 선교 행사나 프로그램은 적지 않은 타격을 받을 수밖에 없었다. 여름이면 앞 다투어 가던 단기 선교 여행, 성도들의 선교 의식 고취를 위해 진행하던 선교대회와 선교부흥회 같은 많은 행사들이 축소되거나 아예 폐지가 되는 경우가 비일비재했다.

대신에 온라인으로 진행되는 선교 모임과 행사는 오히려 확산되어, 이전에 비해 선교사와 선교지가 더욱 연결되는 놀라운 시기이기도 했다. 온라인 열방기도회, 온라인 선교대회, 온라인 단기 선교 여행 등 많은 선교 사역이 온라인으로 대체되었다. 어떤 측면에서 보면 이전에 비해 더 많은 성도들이 선교 행사에 참여하는 계기가 되기도 했다.

이제 코로나19 팬데믹의 종식으로 인해 본격적으로 선교 행사가 다시 기획되고 진행되고 있다. 감사한 것은 이제 온라인이라는 새로운 형태의 만남의 장이 형성되면서 온·오프라인으로 더욱 통합적이고 창의적인 선교 행사를 진행할 수 있게 되었다는 것이다.

오늘날에도 하나님은 이 세상에서 다양한 사람들을 통해 다양한 방식으로 선교하고 계신다. 또한 하나님은 교회를 통해, 교회와 함께 동역하기 원하신다. 하나님이 주인 되는 선교 사역을 하기 위해서도 먼저 교회를 통해 하시려고 하는 하나님의 계획이 무엇인지 듣는 시간이 필요하다.

지금 지역 교회가 세계 선교와 관련해서 할 수 있는 행사들은 무엇이 있을까? 교회의 선교 행사는 어떻게 기획해야 할까? 선교 행사를 기획하거나 실행하려고 할 때, 지역 교회가 알아야 하는 사항은 무엇인가? 지역 교회는 선교 행사와 관련해서 선교사와 선교 단체로부터 어떤 도움을 받을 수 있을까?

선교 행사의 기획

교회의 선교비전과 목적에 따른 기획하기

선교 행사를 기획할 때 항상 먼저 생각해야 하는 것 중의 하나는 "우리 교회의 선교비전과 목적이 무엇인가?" 하는 질문이다. 우리 교회가 추구하는 선교철학과 사역의 방향성에 대한 이해를 기반으로, 그 선교비전을 이루기 위한 방편으로 선교 행사는 기획되고 운영되어야 한다. 그렇지 않으면 매년 행사를 위한 행사가 되고, 교회가 추구하는 선교의 목적을 이루지 못할 가능성이 있기 때문이다. 교회의 선교 방향에 맞지 않는 행사를 진행하는 것은 쏟은 시간과 재정에 비해 현저히 낮은 행사 효과만 남길 수 있다. 그리고 그 행사를 진행하는 사람들을 낙담하게 만드는 것은 덤이다.

연간 선교계획 작성을 통해 큰 그림 그리기

세부적인 선교 행사를 기획하기 전에 연간 선교계획 작성을 통해 우리 교회가 올해에 이루고자 하는 목표가 무엇인지 고민해 보아야 한다. 물론 선교계획은 교회 전체적인 사역 방향과 목회철학에 발 맞추어야 하는 것은 당연하다. 일반적으로 교회는 매년 9~10월 사이에 차기 년도 선교계획을 세운다. 이를 위해서는 현재 우리 교회의 선교 현황을 파악하고 평가하는 작업이 선행되어야 한다. 특별히 올해 선교 사역 중에서 잘한 것은 무엇인지, 또 보완해야 할 부분은 무엇인지 꼼꼼히 살펴야 한다. 올해 진행한 선교 행사들에 대한 전체적인 피드백도 필요하다. 차기 년도에 이 행사를 진행할지 여부도 결정해야 한다. 이 모든 과정은 선교 담당 목회자 혼자서 계획하는 것이 아니라, 선교위원회의 리더들과 함께 진행하는 것이 중요하다.

다음으로 선교위원회는 정기적인 모임을 비롯하여, 어떤 사역에 중점을 둘지 계획한다. 어떤 선교 행사를 진행할지도 결정한다. 경우에 따라 선교 행사는 많은 예산이 소요되기 때문에 반드시 예산안을 함께 세우는 것이 필요하다.

세부 행사 기획하기

연간계획에 따른 선교 행사를 기획할 때 반드시 해야 할 질문은 "왜 지금 이 행사를 하려고 하는가?"이다. 행사를 위한 행사는 불필요한 재정을 쓰게 하고, 행사를 진행하는 자들을 지치게 만들 뿐이다.

선교 행사를 기획할 때, 어떤 과정들이 필요할까? 다섯 가지 요소를 생각해 볼 수 있다.

1. 상황분석. 여기에는 기존 행사 분석, 교회의 분위기와 상황, 기존에 진행된 행사에서 성도들의 반응 등을 고려한다.

2. 목적과 목표. 여기에는 행사를 통해 이루려고 하는 목적이 무엇인지를 작성한다. 그리고 이 행사를 통해 무엇을 하려고 하는지도 물어야 한다. 이 행사를 통해 기대하는 바는 무엇인가? 이 행사를 진행했을 때, 어떤 일이 일어나길 원하는지 진지하게 고민해 보도록 한다.

3. 준비위원회 구성 및 프로그램을 기획. 여기에는 누가 이 행사를 기획하고 운영 및 진행을 할 것인가를 작성한다. 성공적인 행사를 위해서는 그 행사를 함께 진행할 팀이 필요하다. 준비위원회와 팀들은 기도하며 프로그램 내용을 계획하게 될 것이다. 필요에 따라 중보기도팀을 구성하여 지속적으로 기도를 통해 지원하도록 하는 것도 중요하다.

그 외에 필요에 따라 프로그램 구성, 섬김이 모집, 큐시트 작성, 무대 셋팅, 시설 점검 등을 하고, 수시로 준비 상황을 체크한다.

4. 홍보 및 동원. 효과적으로 행사의 취지를 알리고 원활하게 행사가 진행되도록 홍보한다. 행사에 따라 동원하는 대상이 달라질 수 있는데, 이를 위해 교회의 각 부서들과의 적절한 협력이 필요하다.

5. 실행 및 평가. 여기에서 중요한 것은 행사를 맡은 각 팀들을 조율하고, 행사 목적을 이룰 수 있도록 이끄는 것이다. 행사의 마침표는 행사에 대한 피드백을 하고 평가서를 작성하여 보고할 때 끝난다.

선교 행사, 무엇을 어떻게 할까?

여기에서는 실제 필자의 교회에서 진행한 몇 가지 선교 행사 사례와 앞으로 진행하려고 계획하고 있는 행사에 대해 간단히 서술하고자 한다.

Connected 선교대회

◎ 목적 : 선교사와 교회가 서로 연결되어 동역이 일어나게 한다. 성도들에게는 선교사적 삶에 도전하여 선교사와 선교지의 필요를 보고 다양한 방식으로의 참여를 이끌어낸다. 선교사는 자신의 비전과 선교 사역을 나눔으로 동역자를 얻는 시간이 되게 한다. 이를 통해 교회에 주신 선교적 비전에 다 함께 헌신하는 계기가 되게 한다.

◎ 형식 : 파송 선교사를 초대하여 일주일 간의 선교대회를 갖는다. 주중에는 선교 세미나, 주일에는 선교예배와 선교 단체와 함께 하는 선교 부스를 진행한다.

◎ 평가 : 선교사들이 청년부와 교구 그리고 구역모임 등의 모임에 참석하게 함으로 선교사와 성도들 간에 좀 더 친밀하고 서로 알아가는 시간이 되었다. 무엇보다 본 교회가 파송한 선교사와 선교 사역에 대해 알게 되어 선교적 비전을 세우는 계기가 되었다.

단기 선교 여행

◎ 목적 : 단기간 다른 문화를 경험하고 그 문화 사람들과 개인적 교류를 나누며 현지인과 사역자들을 위해 섬김을 실천하고 그러한 경험에서 비롯된 인격적, 영적 성장을 바탕으로 선교사적 삶을 살게 하는 데 그 목

적이 있다.

◎ 형식 : 장기적이고 지속적인 사역(최소 3년은 같은 지역을 방문)이 되게 하고, 선교지의 필요에 우선권을 두고 진행한다. 단순히 퍼 주기식의 사역, 천편일률적인 사역을 지양하고 선교사와 교회 모두 성장할 수 있는 단기 선교 여행이 되게 한다. 여름 사역뿐만 아니라 일년 내내 선교지의 필요에 따라 단기 선교 여행팀을 구성하여 진행한다.

◎ 평가 : 한 지역을 최소 3년 이상 지속적으로 방문하는 부분은 분명 지역에 대한 이해를 깊게 하여 사역 준비 및 사역에 도움이 되었다. 단기 선교는 하나의 이벤트가 아니다. 단기 선교 이후 자발적으로 선교지의 필요를 채우기 위한 모금행사 기획 및 중보기도로 이어져서 선교사나 교회 모두 서로에게 유익한 시간이 되고 있다. 다만, 단기 선교 여행을 준비함에 있어 교회에서도 교육을 비롯하여 잘 준비할 필요가 있지만, 선교사 역시 천편일률적인 단기 선교가 되지 않도록 충분히 고민하는 가운데 기획하고 운영할 필요가 있다.

Love Children 일대일 아동결연사업

◎ 목적 : 본 교회의 선교 현장 중에서 위기에 처한 아이들을 섬기는 선교사 및 개발 NGO와 동역함으로 아이들이 건강하고 행복하게 살아갈 수 있도록 한다. 본 교회의 어린이들이 '어린이 주일' 행사에서 맛있는

간식과 선물 및 놀이를 통해 행복을 경험하는 것처럼, 가난하고 소외된 어린이들과 아동결연 사업을 함으로써 행복과 사랑을 실천하도록 한다.

◎ 형식 : NGO기관에서 아동결연 행사를 위한 부스 및 포스터를 준비 및 진행한다. 교회는 홍보 및 아동결연을 할 수 있는 장을 마련해 주도록 한다. 교회학교에 세계의 어린이들에 대한 교육자료를 제공하고, 주일 분반 공부 시간에 편지 쓰기 등을 통해 어린이들도 참여하는 장이 되게 한다.

◎ 평가 : 실제로 많은 성도들과 교회학교의 어린이들이 이 행사에 많이 참여했다. 개발 NGO 단체와 함께 동역함으로 후속관리는 잘 이루어지는 부분이 장점이다. 또한 교회학교의 어린이들이 세계 시민으로 성장할 수 있는 기회를 제공한 부분은 잘한 일이라고 본다.

'달리다꿈' 마라톤 대회

◎ 목적 : 선교 현장 예배팀의 차량 구입을 위해 모금 행사의 일환으로 마라톤 대회를 진행한다.

◎ 형식 : 마라톤 대회 참가자가 후원자들을 모집하고, 달리는 거리에 따라 약정된 금액을 후원하게 한다.

◎ 평가 : 처음부터 끝까지 단기 선교를 다녀온 팀이 자발적으로 기획하고 실행한 사역이었다. 이 행사를 통해 한 공동체 전체가 함께 참여함으로 시너지를 주고받는 일이 있었다. 그러나 목표로 하는 금액을 높게 책정하여 한 번의 행사로 목표 금액이 모금되지는 않았다. 결국 필요로 하는 금액을 보내기는 했지만, 행사를 진행하는 입장에서는 많이 부담이 되기도 했다.

가지 않은 해외 의료선교

◎ 목적 : 코로나19 팬데믹을 계기로 의료사역의 패러다임을 질병 치료에서 신체적, 정신적, 사회적으로 사람들을 건강하게 하는 것으로 변경하고, 현장에서 이루어지는 지역 보건사업과 위생 교육을 지원하는 것을 목적으로 한다.

◎ 형식 : 3일간 저녁 시간에 온라인으로 진행하고, 현지 선교사와 함께 프로그램을 기획한다. 선교사가 제작한 현지 소개 영상(브이로그)을 보며 지역 마을의 필요를 살핀다. 가지 않는 해외 의료선교 이후 2개월에 한 번의 모임을 지속하면서 지역마을 아이들의 건강을 체크, 원격 진료, 지역개발 지원을 계속한다.

◎ 평가 : 비록 온라인으로 진행되었지만, 코로나19 팬데믹을 계기로 의료선교에 대한 패러다임을 전환할 수 있는 계기가 되었다. 선교지에

서는 브이로그를 준비하는 과정을 통해 현장의 필요에 대해 더 세심하게 조사할 수 있었고, 준비하는 팀에게도 새로운 안목을 줄 수 있었다. 또한 현장에서 사역적인 측면에서 기초 보건교육 등을 통해 예방적인 차원에서 사역을 할 수 있었다. 교회의 측면에서는 의료선교를 직접 가지 않고, 그 비용을 모금하여 현장의 필요에 맞게 지원할 수 있었다. 평소에는 의료선교는 최소 15명에서 많게는 40여 명이 움직이는 대규모 사역으로 진행되었지만, 선교사와 교회가 세심히 기획할 때 직접 가지는 않지만 선교사를 중심으로 한 의료사역은 계속될 수 있다. 또한 '가지 않는 해외 의료선교' 기간 이후에 몇 차례에 걸쳐 선교사와 함께 하는 온라인 모임을 지속함으로 계속적인 기도와 지원을 할 수 있었다.

청년부를 중심으로 한 열방축제

◎ 목적 : 본 교회의 파송 선교사가 사역하는 지역과 청년부의 한 부서를 서로 연결시킴으로 청년부 부서 차원에서 선교 사역을 진행하게 한다.

◎ 형식 : 6개의 선교현장과 6개의 청년부 부서를 청년예배 시간에 제비뽑기를 통해 서로 연결하고, 그 이후에는 청년예배 시간에 6주에 걸쳐 매주 한 부서가 연결된 선교사와 선교지를 소개하는 키노트를 진행한다. 그 이후에 열방축제를 진행하고, 계속해서 아웃리치와 중보기도를 포함하여 다양한 형태로 선교사와 부서 간에 교제 및 사역의 동역을 한다.

◎ 평가 : 부서 중에서는 선교팀을 세운 부서도 있지만, 그렇지 못한 부서도 있어서 어떤 부서에서는 이 사역이 일로 다가와서 힘들었다. 그렇지만 각 부서의 선교팀을 중심으로 창의적인 행사와 기도 운동이 이루어져 그 어느 때보다 역동적으로 선교사와 선교지역을 품는 일이 일어났고, 선교사들도 이전에 비해 더 자주 청년들과 온라인 만남을 통해 삶과 비전을 나눌 수 있어 감사했다.

세계를 품은 30일 기도운동

◎ 목적 : 본 교회의 파송 및 협력 선교사를 위해 전 성도가 중보기도 하는 시간을 갖는다.

◎ 형식 : 매년 10월에 시작하고, 30일간 진행된다. 선교사들에게 선교지 소식과 기도제목을 두 달 전에 받고, 이를 기반으로 기도책자를 제작하여 전 성도들에게 나누어 준다. 수요기도회와 금요기도회 그리고 주일예배 시간에 예배 전에 해당 날짜에 속한 선교사와 선교지를 위해 기도하는 시간을 갖는다.

◎ 평가 : 공식 예배와 중보기도팀 등에서 기도를 함으로 30일 동안은 집중적으로 선교지를 위해 기도하는 시간을 갖는 것은 분명 좋은 일이다. 다만, 청장년의 다양한 소그룹 모임에서도 기도책자를 활용하여 기도할 수 있도록 관계 부서와 커뮤니케이션을 좀 더 할 필요가 있다.

기타 선교 행사들

◎ 이슬람의 라마단 기간에 무슬림을 위한 30일 기도운동, 느헤미야 기도운동(24시간 1일간 진행, 릴레이 기도), 이주자와 함께하는 바자회, 파송 선교사를 위한 리트릿, DMZ 일일 투어, 외국인 선교사 묘지가 있는 서울 양화진 투어, 성탄선물 나누기 등의 선교 이벤트도 기획해서 실행할 수 있다.

선교 행사를 통합하기

선교 단체와 동역

선교 행사를 기획하고 진행할 때, 선교 단체와 함께 동역한다. 특히 교회와 협력하는 선교 단체와 함께 동역하면 더욱 시너지를 낼 수 있을 것이다. 교회는 선교의 전문성 확보를 통해 자문과 더불어 실제적인 도움을 받을 수 있다. 선교 단체는 교회와 함께함으로 선교 자원을 일으키는 데 도움을 받을 수 있다.

피드백과 사후 관리

피드백과 사후관리가 중요하다. 선교 행사를 진행하고 난 이후에는 피드백을 통해 잘한 일은 무엇이지, 보완해야 할 부분은 무엇인지를 점검하도록 한다. 무엇보다 중요한 것은 사후 관리이다. 행사를 위한 행사로 끝나서는 안 된다. 따라서 선교 행사를 기획하면서부터 사후 관리에 대한 계획을 세우는 것이 좋다. 행사를 통해 연결된 선교 자원들이 실제적으로 선교에 참여하도록 이끌어내야 한다.

일상으로 이어지기

삶 속에 통합하기. 선교 행사를 통해 선교비전을 품게 된 성도들이 선교적 삶을 실천하도록 돕는다. 성도들의 삶의 현장인 가정과 이웃, 사회, 일터(학교)가 바로 선교현장임을 기억해야 할 것이다. 기존에 단순히 가든지 보내든지 식의 이분법적인 사고방식을 버리고, 모든 성도들이 선교지(삶의 현장)로 가고 선교사를 보내는 삶을 살아가도록 하는 데 지속적으로 관심을 갖도록 한다.

나가는 말

교회 공동체의 역동성을 유지하고 성장시키기 위해서라도 행사는 많을수록 좋다고 여길 수 있다. 그러나 때로는 지나치게 많은 소모성 행사, 일회성 행사로 인해 서로 지치게 만들 수도 있다. 선교 행사도 마찬가지이다. 너무 많은 행사는 의도치 않게 오히려 하나님의 선교를 방해하는 수단이 되기도 한다. 준비되지 않은 선교 행사로 인해 교회뿐만 아니라 선교사에게도 고스란히 피해를 끼치는 경우도 심심치 않게 발생한다.

말 그대로 행사는 하나의 이벤트이다. 이벤트는 짧게는 한두 시간이면 끝나기도 하고 경우에 따라서는 일주일이 소요되는 행사를 진행하기도 한다. 행사가 갖는 특성상 대개는 짧게 끝이 난다. 그렇기 때문에 선교 행사에서 중요하게 생각해야 하는 것은 행사 그 자체가 아니라 행사 전에 준비하는 기간 그리고 행사 후의 기간이다. 기획단계부터 생각하면 최소 1개월에서 길게는 6~12개월이 소요될 수도 있다. 이처럼 선교 행사를 진행하면서 얻는 유익은 준비하는 기간과 행사 이후의 삶의 변화, 신앙의 성장, 선교사와 선교지의 성장으로 이어져야 한다. 장기적인 안목 속에서 단기적인 행사가 배치되고 준비되어 실행해야 하는 것이다.

나눔을 위한 질문들

1. 기존에 경험한 선교 행사 중에서 가장 기억에 남는 것은 무엇이었는가? 어떤 면에서 좋았다고 여겨지는가?

2. 선교 행사를 기획하고 진행할 때 가장 중요하게 고려해야 할 사항은 무엇이라고 생각하는가?

3. 내가 속한 교회에서 새롭게 시도해 볼 만한 선교 행사는 무엇이라고 생각하는가? 그 행사를 어떻게 기획해서 진행하면 좋겠다고 생각하는가?

5장
지역 교회의 선교사 선정과 협력

5장
지역 교회의 선교사 선정과 협력

들어가는 말

이 장의 제목에는 "지역 교회의 선교사 선발 방법 및 선발된 선교사와의 협업 방법"이라는 두 가지 이슈가 포함되어 있다. 이 두 가지 요소는 교회와의 태생적인 연관성을 갖고 있다. 교회는 선교사의 어머니이고, 선교사는 교회의 자녀이다. 선교사는 성경의 가르침에 충실한 건강한 교회관을 지녀야 하고, 교회는 주님의 선교 대위임령(The Great Commission)에 순종하는 건전한 선교관을 지녀야 한다. 이를 위해 먼저 교회와 선교의 관계를 잠시 살펴보도록 하자.

예수님께서 교회의 존재 의미와 그 권위를 선포하셨고(마 16:18-19), 교회의 역할은 복음의 증인이라고 선포하셨다(행 1:8). 교회가 증거하는 복음의 핵심은 하나님의 큰 일, 즉 예수 그리스도를 통한 구속역사의 완성이었다(행 2:1-11). 이때 선교의 주체는 성령이시고, 선교의 통로는 교회 공동체이고, 선교의 실행자는 교회의 모든 신자들이었다. 그후 예루살렘, 유대, 사마리아교회는 1차적인 선교 공동체로서 자기 교회의 신자들을 보내어 선교 현장에서 교회들을 개척하였고, 이를 통해 세워진 선교 현지의 교회들은 다시 새로운 선교 현장들로 선교사들을 보내어 지역 교회들을 개척하기 시작하였다. 바울과 바나바 등을 통한 선교팀 사역의 전통은 선교 역사 내내 교회와의 관계를 유지하다가 선교 단체의 형태로 발전하게 되었다.

"지역 교회가 선교의 중심"이 되어야 한다. 그런데 이 말이 지역 교회/교인들 외의 모든 조직체/선교 단체/선교사들이 비성경적이거나 차선책이라는 의미로 해석되어서는 안 된다. 그보다는 하나님의 선교에서 삼위일체적 협력이 중요함을 강조하기 위함이다. 지역 교회가 선교에 참여한다는 것은 성경적이며 큰 축복이다. 이를 위해 교회–선교사–선교 단체는 상호 간에 선교의 삼위일체적 기여를 해야 한다.

이런 의미에서 "지역 교회의 선교사 선발 방법 및 선발된 선교사와의 협업 방법"이라는 두 가지 이슈가 명확히 설명되기 위해서는 일차적으로 지역 교회가 정해야 할 선교 철학과 그 방향성에 대해 잠시 살펴볼 필요가 있다.

첫째, 선교 철학은 어떻게 형성되어야 하는가?
선교 철학은 담임 목사로부터 비롯될 수도 있고, 교회의 공동체적 의지에 의해 제기될 수도 있다. 누가 제시하든 간에 선교 철학이 유효하게 작동하려면 교인들이 그 철학에 공감하고 동의(同意)할 수 있는 설득력과 합리성이 있어야 한다. 그래야만 그들의 자발적 참여와 헌신과 지속 가능성이 확보된다. 그렇지 않으면 선교를 향한 메시지가 아무리 강조되어도 지역 교회의 선교에 대한 당위성은 담임 목사와 일부 교인들만의 전유물로 고착될 수도 있다. 그래서 선교 철학이 정착되기 위해서는 한편으로는 성경적이어야 하고, 한편으로는 공동체적 확신이 있어야 한다.

둘째, 선교 방향은 어떻게 설정되어야 하는가?

선교 철학이 공동체적으로 공유되기 시작하면, 선교 철학의 적용 방향을 어느 쪽으로 정할 것인지에 대한 교인들의 참여적 논의가 진지하게 진행된다. 이 과정에서는 설득력이 중요하기도 하지만, 더 중요한 것은 기도하면서 성경을 해석하면서 하나님의 뜻을 찾아 나가는 공동체적 소통과 경청과 합의 과정이 더 필요하다. 이런 과정에서 성령께서 각 사람들의 마음에 감동을 주시면, 교인들은 그 감동에 따라 자신의 은사와 헌신을 어떻게 사용할지를 고민하며 자발적 참여를 시작한다.

위의 두 가지가 지역 교회 내에서 충분히 검토된 후 정착되기 시작하면, 우리가 도울 선교사를 찾으려는 관심이 고조된다. 선교 철학이 없는 지역 교회의 선교 방향은 있을 수 없고, 선교 방향이 없는 선교 철학은 지역 교회의 선교 활성화를 일으킬 수 없다. 그렇게 되면 선교는 지역 교회의 숱한 활동 중의 한 가지로 인식되고, 목회자와 선교위원들은 선교의 본연의 의미를 잃어버린 채 바쁜 목회 일정 가운데 선교와 관련된 많은 활동을 연례행사로서 치루는 데 급급해질 수 있다.

하나님께서는 큰 교회, 작은 교회를 구분하지 않으시고 선교의 동역자로 사용하신다. 지역 교회가 선교 철학과 그 방향이 아직 뚜렷하지 않다고 해서 너무 고심할 필요가 없다. 좀 더 건강한 선교 철학과 그 방향성을 모색할 수 있는 좋은 기회가 기다리고 있기 때문이다. 그러나 이런 모색 과정에서 선교사를 위한 후원과 기도를 멈추거나 중단해서는 안 된다.

파송/후원 선교사 선정을 어떻게?

지역 교회는 선교사 선발의 동기를 명확히 이해해야 한다.

"선교사 선발과 파송은 지역 교회의 타 문화 선교의 목표를 실천하고 실현하기 위한 연장선에서 이루어지는 일인가?"

이 질문은 지역 교회의 선교사 선발과 지역 교회의 타 문화 선교의 목표의 상관관계에 대한 것이다. 이 질문에 대한 답이 정립되지 않으면, 교회가 선교 단체의 선교 목표를 완수하는 데 협조하기 위한 목적으로 인적, 물적, 영적 자원 등을 지원하는 공급처, 혹은 후원자 역할로서의 지역 교회 선교라는 차원을 극복하기가 쉽지 않다.

먼저 우리 교회의 선교적 정체성을 견고히 해야 한다. 교회의 존재 이유와 거기서 나오는 정체성이 '하나님의 선교'를 위임받은 '선교 공동체로서의 정체성'이 기초가 되어야 한다. 지역 교회가 선교사를 파송하는 이유는 교회가 선교적 책무를 주님께 위임받은 공동체로서 그 책무를 완수하기 위해서 '선교사를 선발하여 파송하는 것'이라고 해야 하지 않을까?

그런 전제를 갖는다면 지역 교회가 먼저 해야 하는 일은 선교사 선발이 아니라, 지역 교회 자체의 선교적 목표를 갖는 일일 것이다. 그리고 나서 그 목표를 이루기 위해서 적합한 인물을 선발하여 보내야 한다. 예루살렘교회에서 안디옥에서 주님께서 행하신 '선교적 돌파'에 참여하기 위해 바나바를 파송하였던 것처럼 말이다.

따라서 지역 교회의 선교 목표와 동기가 분명해지면, 그에 따라 지역 교회가 선교사를 선정하는 과정이 다양한 통로와 접촉을 통해 이루어진다. 교인, 목회자, 신학교 교수, 교회와 관계된 선교사, 선교 단체 등 신뢰할 수 있는 인맥이나 기관의 추천을 통해 연결되거나 공개 모집을 통해 결정되기도 한다. 아래와 같이 좀 더 살펴보자.

선교사와의 만남

먼저 지역 교회가 선교사를 선발하게 되는 과정을 선교 단체와 관련하여 살펴보자. 과거에는 지역 교회와 선교사 간의 직접 접촉이 우선된 적도 있으나, 최근에 들어서는 신뢰할 만하고 공신력이 있다고 판단되는 선교 단체들의 추천을 중요하게 받아들이는 경향이 늘고 있다.

1) 선교 단체가 선교사 후보자/경력 선교사와의 만남 이후 관련된 지역 교회와의 접촉 및 소통이 시작되는 경우
2) 선교 단체가 지역 교회를 통해 선교사 후보자/경력선교사를 소개받는 경우
3) 선교 단체가 선교사 후보자/경력 선교사와의 만남 이후 파송/후원할 지역 교회를 찾기 시작하는 경우

그다음으로 지역 교회가 중심이 되어 파송/후원 선교사를 선정하는 과정을 살펴보자.

1) 지역 교회에서 봉사해 온 본 교회 출신 청년이나 장년 교인이 선교사로 나가고자 신청하는 경우
2) 지역 교회가 공개 모집을 통해 파송/후원 선교사를 선정하는 경우
3) 지역 교회가 파송/후원을 요청해 온 선교사를 선정하는 경우
4) 지역 교회가 신학교 교수, 타 교회 목회자, 선교 단체, 기관 등의 추천을 받아서 파송/후원할 선교사를 선정하는 경우

위와 같이 지역 교회는 여러 경로와 다양한 시점에서 선교사와 만나고 그들을 선정하는 작업을 진행한다.

선교사 선정 시 어떤 사항들을 고려해야 하나?

이 질문에 답하기에 앞서 먼저 고려해야 할 점이 있다면, 지역 교회가 선교사를 선정하려는 이유나 동기가 무엇인가를 살펴보아야 할 것이다. 특정한 지역, 국가, 종족 선교를 개척하고 촉진하기 위한 동기인가? 아니면 특정 영역에서 전문인 선교사를 투입하여 교회의 프로젝트나 사역 계획을 성취하기 위한 동기인가? 등등 그 동기(들)에 따라 "어떻게 선정할 것인가"라는 선발 방법과 그 과정들이 결정되기 때문이다. 그 동기나 이유는 교회 공동체 자체에서도 찾을 수 있고, 선교 지향적인 목회자나 당회원들, 일부 교인들, 또는 특정 선교사/선교 단체의 요청에서 찾을 수도 있다.

이런 과정이 없이 담임 목사나 특정 직분자나 그룹의 주장에 의해 선교사 선발 방법이 결정된다면, 전체 교인의 동의나 공감대를 끄집어내는 데는 상당한 노력과 시간이 필요할 수도 있다. 이렇게 선발된 선교사들은 교회 공동체의 가족 또는 일원이 아니라 그저 교회 선교 프로그램의 일환으로 선발된 타자(他者) 또는 타인(他人)일 수밖에 없다.

지역 교회가 선교사를 선정하는 과정은 크게 파송 선교사 선발과 후원 선교사 선정으로 나누어진다.

지역 교회가 독립적으로 선교사를 파송할 때는 선교 단체의 인사규정과 선발기준점들을 굳이 고려할 필요가 없다. 그러나 선발된 선교사의 현장 사역에 관한 효율적 관리와 돌봄에서 파송 선교 단체의 역할이 중요하다고 판단될 경우, 지역 교회는 평소에 공신력 있다고 판단되는 선교 단체와의 교제, 소통, 정보, 컨설팅 등을 통해 그 단체의 인사규정과 선발기준들을 이해하고 신뢰할 필요가 있다.

지역 교회가 자체적인 선교 철학과 그 방향을 바탕으로 한 선교 정책을 따라 선교사를 선발할 때 주요 사항인 선택 기준과 선별 과정을 살펴보자.

선택 기준

이와 관련하여 로라 매 가드너(Laura Mae Gardner)는 선교사 선발과 준비 과정에서 살펴야 할 10가지 항목과 2가지 주요 사항을 제시하였다.

10가지 항목

교리적 적합성

성경 지식과 그 지식을 적절하게 전달할 수 있는 능력

영적 건강과 심리적 건강

장차 기여할 영역에서의 검증된 능력

탄력성과 강인함, 끈기

건강한 부부 관계와 훌륭한 가정 관리

파송 교회의 중점, 정책, 기대에 부합하는 능력

첫 임기의 도전들

타 문화권 사역의 단계에 따른 스트레스의 요인들

타 문화를 다룰 때 분명히 할 이슈들과 그에 대한 준비

2가지 주요 사항

타 문화권 사역의 단계에 따른 스트레스의 요인들

타 문화를 다룰 때 분명히 해야 할 이슈들과 그에 대한 준비

위의 이슈들은 선교 단체의 인사위원회와 파송/후원 교회의 선교부 위원들이 다 함께 고려해야 할 점들이고, 지역 교회의 파송 선교사 선정과 선교 단체의 회원 선교사 선발 시 모두 적용될 수 있다. 특히 지역 교회가 후원 선교사보다는 파송 선교사를 선정할 때 훨씬 신중하게 다뤄질 수도 있다. 이런 점들을 고려하면서 지역 교회는 본 교회의 상황에 맞는 선교사 선택 기준을 결정해야 한다.

우리 교회는 성품, 경험, 기술, 훈련, 능력, 헌신의 견지에서 어떤 사람을 찾고 있나? 어떤 교리적 입장이 바람직하고, 어떤 신앙 체계가 요청되나? 생활방식은 어떠한가? 허입(許入)을 망설이게 하는 어떤 상황이 있나? 질환, 장애, 약물 중독, 복잡한 가족사, 의심스러운 행동이나 사건의 배경은 없나? 등등.

선별 과정

그 후 선별 과정을 정하는 것이 바람직하다.

어떤 검사나 관찰, 인터뷰를 할 것인가? 누가 담당할 것인가? 성장과정에서의 문제는 무엇이고, 자격 미달에 해당하는 문제는 무엇인가? 등등. 그리고 지역 교회의 선교사 선발 과정에 참여할 인사위원들은 본 교회에서 성공적인 사역 경력, 신중한 판단력, 성숙한 인격의 면에서 교인들의 인정을 받는 사람이어야 한다.

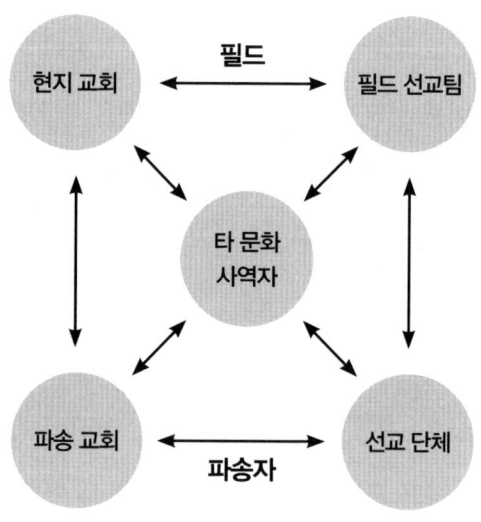

선교 단체와 교회 사이에 분명히 할 이슈들

비데네스트 포럼(Wiedenest Forum)에서 제시된 위 도표는 선교사의 타문화권 파송과 관련된 다양한 관계를 보여주는 모형이다. 지역 교회가 파송/후원 선교사의 선발을 준비할 때 이 도표에 나타난 네 개의 주체의 상관성에 대해 이해하는 것이 중요하다.

위 도표에 나타난 상호연관성을 바탕으로 한 역학 관계는 지역 교회와 선발된 선교사 간의 협력을 위한 좋은 잣대가 될 것이다. 그에 따라 선교사 선발, 특히 파송 선교사를 선정함에 있어서 아래의 세 가지 사항이 고려되어야 한다.

선교사의 자질

"선교사는 타고나는가? 아니면 만들어져 가는가?"

선교사는 타고나는 것이라고 주장할 경우 성품이나 능력, 학력, 경력 면에서 이미 갖춰져 있다고 판단되거나 뛰어난 인재로 평가되는 이들을 우선적으로 고려하게 된다. 이는 원단이 좋아야 그 위에 어떤 디자인, 그림도 그릴 수 있다는 원단론이나 엘리트주의로 치우칠 위험이 있다. 그러나 반대로 선교사는 만들어져 간다고 주장할 경우 토기장이 손에서 빚어지는 도자기로 비유될 수 있다. 이 경우에는 선교사의 역할, 기능, 능력보다는 존재론에만 머물면서 사변적이거나 현학적이 될 위험이 있다.

이 두 가지 주장은 둘 다 나름대로 수긍할 수 있는 점들이 있기에, 양쪽이 다 틀렸다는 양비론(兩非論)이나 양쪽이 다 맞다는 양시론(兩是論) 중한 가지를 취하고 싶지는 않다. 그보다는 지역 교회의 선발 동기와 목적에 따라 선교사 선발 방식이 결정되는 것이 훨씬 더 바람직하다. 선교사에게는 사역을 수행할 역량(competence)과 함께 잘못된 사역 동기나 유혹들을 경계하고 제어할 수 있는 성품(character) 둘 다가 요청된다. 현장 선교사들의 삶에서 둘 중 하나가 앞서거니 뒤서거니 하는 것은 별로 의미가 없었다.

선교사의 능력

선교사는 하나님의 비밀을 맡은 존재(소명)이며, 그리스도를 위한 일꾼(사역)이다. 따라서 선교 사역의 책무를 맡은 자들에게 우리는 소명과 사역 두 측면에서 충성됨을 요구해야 한다. 예수께서도 제자들에게 달란트 비유를 통해 하나님 나라의 일꾼이 어떻게 자신이 맡은 바를 감당해야 하는지를 가르치셨다(마 25:14-30). 충성은 곧 실천의 형제요, 실천은 곧 충성의 증인이다.

"사람이 마땅히 우리를 그리스도의 일꾼이요 하나님의 비밀을 맡은 자로 여길지어다. 그리고 맡은 자들에게 구할 것은 충성이니라"(고전 4:1-2).

바울이 고린도교회 신자들을 향하여 충성을 강조한 것은 성품이 아니라 그리스도인의 책무에 대한 것이었다. 따라서 지역 교회는 선교사를 선발할 때 이에 대해 신중한 판단을 해야 한다.

1) 우리 교회가 선교사를 선발하려는 동기, 이유, 목적은 무엇인가?
(장기 선교, 단기 선교, 특정 프로젝트 수행 등)

2) 우리 교회는 그에 따라 적합한 선교사를 어떤 방식으로 선발할 것인가? (공개 모집, 추천 등)

3) 우리 교회는 선발된 선교사가 자기 직무를 수행할 때 무엇을 요청해야 할 것인가? (기능, 역할, 지위 등)

선교사의 소명

이 주제에는 선교에 대한 특정인의 소명과 일반적 소명이라는 아래의 두 가지 측면이 얽혀 있다.

첫째, 하나님께서 특정한 사람을 선택하여 선교사로 부르셨는가?
둘째, 하나님께서 그리스도인이라면 누구든지 선교사로 부르신 것이 아닌가?

첫 번째 주장에 따르면, 특정인을 특정한 방식으로 부르는 개인의 소명이 강조된다. "하나님께서 나를 부르셨다는 것을 어떻게 확인할 수 있는가?", "그런 소명으로의 부르심이 뚜렷하지 않다면 선교사로 나갈 수 없는가?" 하는 질문이 생긴다.

두 번째 주장에 따르면, 특정인이 아니라 모든 그리스도인이 보편적으로 선교적 명령에 대해 순종하는 것이 강조된다. "예수 그리스도의 선교 지상명령은 모든 그리스도인을 대상으로 한 것이 아닌가?", "선교사로의 부르심과 직업인으로의 부르심(직장 선교사)은 다른 것인가?" 하는 질문이 생긴다.

여러분의 교회 안에 선교에는 관심이 있으나 선교사로의 부르심, 즉 소명에 대한 확신이 없다고 하는 사람들이 선교위원회의 문을 두드린다면 어떻게 답할 것인가?

이에 대해 이안 헤이(Ian Hay)는 이렇게 대답하였다.

"우리는 먼저 예수 그리스도의 주권에 순복하고, 자신들의 기본적 책임은 성경 말씀대로 하나님의 뜻을 행하는 것이라고 믿는 사람들을 원합니다. '부르심'이 있느냐의 문제보다도 이러한 태도를 가진 사람을 찾습니다. '부르심'에 대하여 많은 오해가 있습니다. (선교사로서의 특별한) 부르심이 없으면 선교를 할 수 없다는 암시를 하는 듯합니다."

이 답변에 대해 여러분은 어떻게 생각하는가? 성경에 선교사로서 특별한 '부르심'을 받은 특정인들이 있는가? 직업적 소명(vocation)과 사역적 소명(calling)은 서로 상치되는 것인가, 아니면 선교에서 둘 다 유효한가?

지역 교회는 선교사와 어떻게 협력해야 하나?

이 질문의 핵심은 지역 교회와 선교사 간의 관계 설정의 중요성이 얼만큼 인식되는가에 있다. 이런 양자 간의 관계 설정이 잘못되면 지역 교회와 파송/후원 선교사와의 관계는 복잡한 양상을 띄게 된다.

멀리 내다보고 선교사의 사역 준비와 무장을 위해 투자하라

선교사의 로드맵을 생각해 보자. 한 사람의 온전하고 원숙한 선교사가 배출되기까지는 여러 단계의 삶이 이어진다. 선교사 후보자 또는 초임 선교사의 경우 국내에서의 준비 단계가 필수적이다. 훈련받지 않은 군인이 있을 수 없듯이, 마찬가지로 영적 군사가 되기 위해서 선교사도 훈련과 교육이 있어야 한다.

첫째, 지역 교회는 선교지로 출발하기 전 단계에 있는 선교사의 국내 교육훈련비에 대해 지원해야 한다. 합숙/비합숙 장/단기 선교훈련비, 선교현장 사역 준비를 위한 심화된 전문직 과정, 그 외 필요하다고 판단되는 여러 교육 프로그램 참여를 지원하는 것이 이에 해당한다.

둘째, 지역 교회는 선교지에 막 도착한 단계에 있는 선교사의 현장 교육훈련비에 대해 지원해야 한다. 선교지 입국 허가 및 체류 허가를 위한 비자(visa)비, 문화적응비, 언어교육비, 영적 성장을 위한 지원비, 자녀 교육비, 기타 사역 준비 비용 등이 이에 해당한다.

셋째, 지역 교회는 선교 현장 사역 후 국내에 재입국하는 단계에 있는 선교사의 재교육/재훈련에 대해 지원해야 한다. 본국 사역(안식월, 안식년)과 관련한 숙소, 체류 경비, 미성년자와 성년 선교사 자녀들의 교육비, 재교육훈련비, 실손보험, 영구 귀국 시의 은퇴 준비 비용 등이 이에 해당한다.

평소 신뢰를 쌓기 위해 선교사와 정서적 예치금을 충분히 적립하라

지역 교회와 선교사 간의 건강한 협력을 이끌어 내는 것은 큰 축복이다. 이 축복을 풍성하게, 즐겁게 누리기 위해서는 '정서적 예치금'(emotional deposit)과 관련한 아래의 몇 가지 점에 유념할 필요가 있다. 정서적인 예치금은 상호 소통과 상호 이해만큼 적립된다. 정서적인 예치금이 제로 또는 마이너스(-)인 깡통 계좌는 위기 시 서로를 향한 책임 공방전과 비난으로 얼룩지는 파국을 맞을 수도 있다.

첫째, 지역 교회는 평소 해당 선교사의 신뢰를 얻기 위해 충분히 노력하라.

우리는 흔히 선교사가 지역 교회의 신뢰를 얻기 위해 충분한 노력을 기울여야 한다고 생각한다. 그러나 이런 생각이 강조될수록 선교사는 자기 정체성을 '을'의 관계에서 찾는 좌절감, 우울, 화, 눈치, 망설임, 눈 가리고 아웅하는 이중적 소통과 수동적 반응의 습관화에 빠질 수 있다. 파송 선교사의 경우 자칫 선교사의 선의적 노력을 강조하려는 생각이 일탈 또는 부정적 결과를 낳을 수도 있음을 기억할 필요가 있다. 그래서 상호 관계에서 무게의 중심이 더 있는 지역 교회가 이런 점을 충분히 고려하여 선교사와의 신뢰를 더 단단하게 구축하기 위한 노력을 먼저 하면 매우 건강한 방식으로 지역 교회도 선교사도 소통하게 된다. 지역 교회의 관심과 사랑을 충분히 받는 선교사가 교회와의 협력을 기뻐하지 않을 리가 없고, 자발적인 헌신과 열심으로 현장 선교에 진력하게 될 것이다.

둘째, 지역 교회는 심각한 위기나 갈등의 순간에 신뢰 관계가 얼마나 유효하게 작동되는지를 선교사에게 보여줄 수 있는 기회로 삼으라.

한때 선교현장에서 폭력, 협박, 내전, 자연재해, 추방, 비자 거부 등을 경험한 선교사는 선교의 영웅이었던 시절이 있었다. 그러나 2007년 아프가니스탄 피랍사건 이후 '말썽쟁이 선교사'라는 부정적 시각이 주홍글씨처럼 따라붙었다. 그런데 이런 시선이 (재)중국 선교사들의 대거 추방 물결이 계속 이어지면서 반전되기 시작하였다. 그러나 여전히 비자발적 철수 선교사들은 불확실한 미래와 선교지 재배치의 고충을 겪고 있다. 이런 순간에 지역 교회가 해당 선교사들과 함께할 때 지역 교회와 선교사의 협업은 쉽게 무너지지 않고, 위기를 넘어 새롭고도 놀라운 하나님의 선교를 함께 경험하게 될 것이다.

셋째, 지역 교회는 선교사가 심각한 도덕적 결함이나 고의적인 타락 행위가 아니라면, 사역적인 실수를 했을 때 그 짐을 함께 나눠 져라.

이 말은 선교사가 도덕성에서 해이해지더라도 용납하거나 방치하라는 뜻이 아니다. 그보다는 사역적 실수에 대한 지역 교회의 반응과 태도가 해당 선교사로 하여금 도덕적 각성과 강화에 큰 촉진제가 되기도 한다는 의미이다. 따라서 이런 건강한 협력을 이끌어내고, 그 협력이 발전적으로 유지되도록 하기 위해서는 아래의 몇 가지 점이 요청된다.

지역 교회와 선교사는 서로의 책무와 책임을 명확히 하라

선교 사역을 성경적이고 도덕적으로 건강하게 수행해 나가는 책무(accountability)가 선교사에게 주어진다. 선교사가 부여된 책무를 잘 지켜 나가기 위해 필요한 영적, 육체적, 재정적 필요를 감당하는 책임(responsibility)은 지역 교회에게 주어진다. 예를 들어 보자. 바울과 바나바의 선교팀 일원들이 귀국할 때마다 안디옥교회는 고향집이 되었고, 가족이 되어 주었다. 그래서 재충전하여 회복된 상태로 선교사들은 다시 선교 현장을 향해 계속해서 나아갈 수 있었다.

우리는 선교사가 현장에서 건강하고 선교 사역을 잘 해내리라 믿고 보낸다. 현장의 동료 선교사들도 이런 기대 가운데 신임 선교사들을 맞이하고 돕고 섬긴다. 신임 선교사가 선교 현지에 도착하는 순간 현장 정착

이후 심리적으로 안정이 될 때까지 본국 교회도, 선교 단체도 거리나 정서상 이차적이 된다. 지역 교회는 이런 정황을 이해해 주어야한다.

선교사의 현장성은 이런 초기 시절에 그 뼈대가 형성된다. 그래서 지역 교회는 장기적인 협력을 위해서는 첫 2년은 현지어 습득에 집중하도록 배려하고, 재정 부족으로 현지어 습득 기회를 놓치지 않도록 도와야 한다. 그와 함께 현지 문화 및 현지의 지역적 특성, 선교적 가능성 등을 파악하기 위한 여행과 그에 따른 경비를 관광활동으로 보지 말고, 도리어 이렇게 움직이도록 권장할 필요도 있다. 건강상의 이유가 아니라면 여행하지 않는 또는 여행을 시도하지 않는 선교사의 영혼은 사람에 대한 관심과 사랑이 없다는 반증이 될 수도 있다.

지역 교회와 선교사는 상호 존중의 태도를 굳게 지켜 나가라

지역 교회와 선교사의 관계는 자칫 잘못하여 어그러지면 어느새 갑과 을의 관계, 주도적-의존적 역학, 상호 불신 등 마귀의 덫에 빠질 수 있다. 그러기에 선제적인 예방이 중요하다. 이를 위해 사랑과 신뢰를 바탕으로 한 상호 존중의 태도를 잘 관리하여야 한다.

지역 교회가 선교사를 경청하면, 선교사는 현장 사역에 더 몰두한다.
지역 교회가 선교사를 포용하면, 선교사는 진실한 보고를 더 힘쓴다.
지역 교회가 선교사를 신뢰하면, 선교사는 교회의 결정을 더 존중한다.

지역 교회가 선교사를 돌아보면, 선교사는 경건생활에 더 정진한다.

지역 교회가 선교사를 위해 기도하면, 선교사는 성령의 음성에 더 귀 기울인다.

지역 교회와 선교사는 상호 피드백 체계를 건강하게 유지하라

"선교사는 최전방의 군인이기에 뒤돌아보지 말아야 한다"는 신념에 대해 어떻게 생각하는가? 선교사가 현장 사역보다는 본국 교회의 상황에 대해 지나친 관심과 시간을 쏟는다면 그것도 문제이고, 지역 교회가 현장 선교사에게 잘못된 관심을 갖거나 무리한 요청을 한다면 그것도 문제이다. 지역 교회와 선교사가 협업을 하기 위해서는 건강한 상호 피드백 체계가 요청된다.

한 예로 지역 교회는 선교사의 근황을 늘 살피면서 지속적으로 기도해야 한다. 마찬가지로 선교사도 본국 교회를 위해서 늘 기도해야 한다. 지역 교회는 선교사를 위해 기도하는데, 선교사가 본국 교회를 위해 기도하지 않는다면 어떻게 될까? 반대로 선교사는 본국 교회를 위해 기도하는데, 지역 교회는 선교사를 위해 기도하지 않는다면 어떻게 될까? 물론 가정이지만 이런 상황이 발생한다면, 그 원인이 상호 간의 건강한 피드백 체계가 무너진 데서 기인했을 가능성이 높다.

따라서 지역 교회와 선교사 간의 협업이 건강하게 지속되고 발전하기 위해서는 피드백이 선교 책무에서 얼마나 중요한지에 대한 상호 인식과 노력이 필요하다. 최연매와 김상범은 『피드백-탁월하게 하는 힘』에서 피드백을 아래와 같이 정의하였다.

> 피드백(feed-back)은 서로를 탁월하게 하는 힘이다. 피드백은 비전을 향해 달리게 만들고, 한계를 뛰어넘어 성공이라는 목표에 이르게 하는 힘이다. 피드백은 동기부여를 가능하게 해 목표달성에 이르게 하는 안내자이다. 피드백은 처벌이 아닌 '성공 발전소'이다.

따라서 피드백이 건강하게 이루어질 때 지역 교회와 선교사는 아래와 같은 영적 유익을 얻게 된다. 건강한 피드백은 교회의 기도 사명을 일깨운다. 건강한 피드백은 선교사의 사역 사명을 일깨운다. 건강한 피드백은 지역 교회와 선교사로 하여금 선교의 길에서 좌우로 벗어나지 않게 한다. 건강한 피드백은 우리 영혼을 깨워 하나님의 역사를 찬양하게 한다. 건강한 피드백은 우리의 영적, 육적, 심리적, 도덕적 부패를 막는 소금이다.

나가는 말

한 지역 교회가 "선교사를 어떻게 선정하고, 선교사와 어떻게 협력할 것인가?"라는 주제를 다룬다는 것은 큰 축복이자 기쁨이다. 그러나 이 문제가 건강하게 관리되지 않으면 고통과 갈등이라는 대가를 지불하게 된다. 선교가 그만큼 가치 있고, 선교사가 그만큼 소중한 존재이기 때문에 어려운 상황에 직면하더라도 지역 교회는 이런 대가를 잘 감당해 왔다고 본다.

본인은 현장 선교사로서 보낸 세월은 길지만, 선교 단체의 대표로서 보낸 시간은 짧다. 그러나 가장 긴 시간은 지역 교회에서 보냈다. 선교사는 지역 교회를 통해 배출되는 것이 가장 바람직하다. 그런 의미에서 선교사는 지역 교회의 권위에 대한 존중과 신뢰와 순종이 필요하다. 그때서야 주님의 선교 지상명령에 대한 순명(順命)이 어떠한지가 드러나기 때문이다. 선교의 축과 동력이 지역 교회에 있다고 보기에 이 강의에서 선교사들보다는 지역 교회가 해 줬으면 하는 것들에 대한 요청을 많이 하였음을 양해해 주시기 바란다.

끝으로 본인의 사례 한 가지를 들면서 이 강의를 마치고자 한다. 어느 한 교회에서 주일 설교와 오후 강의를 한 적이 있다. 그때 지역 교회와 선교사의 관계를 이렇게 비유하였다. "선교사에게 지역 교회는 친정집이고, 선교 단체는 시가와 같습니다." 그러자 담임 목사님이 "그렇다면 선교 단체와 지역 교회는 사돈이네요." 우리는 함께 웃으면서 남은 시간을 유쾌하게 끝낼 수 있었다.

나눔을 위한 질문들

1. 지역 교회가 선교사를 선정할 때 소명에 대해 어떻게 생각하는가?

2. 지역 교회가 선교사와 상호 신뢰를 쌓기 위해서 정서적 예치금을 어떻게 적립할 수 있을까?

3. 지역 교회가 선교사와의 건강한 상호 피드백 체계를 어떻게 세우고 발전시킬 수 있을까?

6장
선교적 교회의 총체적 단기 선교

6장
선교적 교회의 총체적 단기 선교

"It is not good to have zeal without knowledge."

(Proverbs 19:2 NIV)

들어가며 : 단기 선교, 세계 선교의 새로운 물결

지난 200여 년의 개신교의 선교 역사에서 제2차 세계 대전 이후에 눈에 띄게 변화된 영역이 단기 선교였다. 그 이유는 2차 대전에 참전했던 그리스도인들이 소위 미전도 지역에서 대부분 전투를 경험하면서 세계 복음화에 대한 시급성을 경험했다. 그래서 전쟁 이후에 OM, YWAM 등의 새로운 선교 단체를 만들었다. 기존의 장기 선교사 파송 중심의 단체로서는 이 운동을 담을 수 없었기 때문이었다. 그래서 신생 단체들이 수많은 젊은이들을 모집하여 대대적으로 단기 선교 운동을 시도하기 시작했다.

미국에서 해마다 단기 선교에 참여하는 숫자가 160만 명(2009년 통계)이라고 한다. 한국에서 단기 선교 운동은 1990년 OM선교회에서 '러브 유럽'(LOVE EUROPE)과 '대만 기독정병 훈련' 등을 시작으로 엄청난 발전을 거듭해 왔다. 백신종 선교사는 한국 교회에서 해마다 25만 명 정도가 단기 선교에 참여한다고 추산한다. 전 세계적으로 본다면 매년 수백만 명의 그리스도인들이 단기 선교에 참여한다고 추산하는 것도 무리가 아닐 것이다.

이러한 단기 선교의 활성화는 세계 선교에 대한 인프라 구조의 변화를 가져오는 데 결정적인 기여를 하게 된다. 과거에 장기 선교사 일변도의 선교에서, 3년 이하의 단기 선교사, 그리고 1,2주에 걸쳐서 파송되는 단기 선교팀의 참여가 바로 그것이다. 이른바 세계 선교의 인력 구조에서 피라미드 구조가 형성되고 있는 것이다. 이러한 구조는 마치 군대 조직처럼 그 구조에서 단단하고 안정적인 다이나믹스를 형성하게 하는 요인으로 작용하고 있다.

지역 교회의 단기 선교는 선교 현장에 상당히 긍정적인 기여를 하고 있다. 또한 지역 교회의 단기 선교는 지역 교회로 하여금 교회가 어떤 공동체인지를 증명하는 바로미터(barometer)와 같은 역할을 하고 있기도 하다(백신종, 2008:93). 그러나 코로나19로 2020년부터 2~3년 동안에 상당히 많은 교회들이 단기 선교 계획을 취소해야 했다. 이런 추세는 당분간 지속될 것으로 보인다. 하지만 코로나19가 그동안 한국 교회의 단기 선교를 재고하고 업그레이드하기에 아주 좋은 기회가 될 것으로 예상된다. 지금이야말로 단기 선교의 의미를 더 깊게 고찰하고 새로운 의미를 찾으며, 새로운 기회를 찾을 수 있는 절호의 기회이기 때문이다. 이 소논문은 단기 선교의 방법론보다는 단기 선교의 선교적 교회론의 관점에서 선교적 의미를 살펴보고 이에 걸맞은 단기 선교의 방향을 살펴보고자 한다.

지역 교회의 단기 선교의 의미

"선교는 하나님의 선교이다. 장기 선교든지 단기 선교든지, 전통적 선교든지 전문인 선교든지, 전방개척선교든지 모든 선교는 '세상을 구속하시는 하나님의 선교'[의 일부분]이다. 단기 선교를 이해하는 가장 중요한 관건은 바로 '하나님의 선교'(Missio Dei)라는 큰 그림을 통해서 보는 것이다. 단기 선교의 미흡한 점들 때문에 이것을 하나님의 선교에서 구분해서 생각하는 것은 정당한 태도라고 볼 수 없다. 만약 단기 선교 자체가 하나님의 선교와 만나지 않고 평행을 달리거나, 오히려 하나님의 선교를 거스른다면 당연히 선교라는 말을 빼버려야 할 것이다. 하지만 단기 선교라는 용어에서 볼 수 있듯이 '선교'는 수식어가 아닌 궁극적인 행동의 목적을 나타내는 '주어'이다. 하나님의 선교를 감당하는 전략적인 방법으로 '단기'라는 수식어를 붙인 것이다."(백신종, 2008:44)

제자훈련과 타 문화 단기 선교

　예수님께서는 제자들을 모으신 후에 상당히 많은 경우에 타 문화 전도 여행을 다니셨다. 사마리아 지역의 수가성, 갈릴리 동쪽의 거라사 지역, 두로와 시돈 지역 등 상당히 많은 타 문화 지역을 제자들과 함께 방문하셨다. 예수님께서 이러한 타 문화 지역 전도 여행을 다니신 이유는 그 지역 자체에 대한 복음 전파의 목적이 크셨다. 그러나 그에 못지 않게 예수님의 관심은 유대주의로 굳어진 제자들에게 하나님 나라의 복음이 유대 지역을 넘어서도 전파되어야 함을 가르치시려 하셨다. 그리고 부활하신 후에 다시 제자들에게 이렇게 명령하셨다.

　"너희는 가서 모든 민족(족속)을 제자로 삼아"(마 28:19).

　예수님의 제자훈련에는 타 문화 훈련이 매우 중요한 요소였다. 이러한 문화를 넘어서는 제자 훈련은 훗날, 주님께서 부활하신 이후에 제자들에게 명령하신 선교 명령에서 매우 중요한 요소가 되었다. 가서 모든 민족(족속)을 제자로 삼아야 하는, 예루살렘과 온 유대와 사마리아와 땅 끝까지 이르러 주님의 증인으로서의 역할을 해야 했던 제자들에게는 제자도와 관련되어 본질적인 훈련이었던 것이다.

　주님께서 제자들의 하나님 나라 훈련을 위해 타 문화권 경험을 매우 중요하게 사용하셨다면, 오늘날의 교회 공동체도 동일한 방식을 사용해야 한다. 어쩌면 오늘날의 교회 공동체는 베드로가 고넬료를 만나기 직전에 인식했던, 유대주의식 기독교와 비슷한 한국적 기독교의 시각을 가지고 있다고 해야 하지 않을까? 이런 측면에서 단기 선교는 성도들을 주님의 제자들로 훈련하는 매우 중요한 기회를 제공하고 있다.

단기 선교, 지역 교회의 선교의 창

단기 선교만큼 지역 교회로 하여금 선교에 대한 전략을 갖게 하는 것은 없다. 선교는 분명히 과업을 완수하는 과정이며, 이를 위해서는 전략이 핵심적이다. 가나안 전투의 리더를 여호수아에게 맡긴 것은 그가 전략적인 사람이기 때문이었다. 그는 가나안 전투를 시작하기 40년 전에 이미 가나안 땅을 세밀하게 정탐하고 온 인물이었다. 가나안 전투에 대한 전략을 수립하는 데 여호수아만큼 적합한 인물은 없었다. 이처럼 지역 교회의 선교도 전략적으로 수행하는 것이 중요하다. 전략은 지역 교회의 선교적 역량을 모으게 한다. 그리고 한 방향으로 집중하게 해서 나아가게 한다. 전략은 시간이 흐르면서 열매를 내게 하고 결국에는 완성해야 할 목표를 성취하게 한다.

이런 측면에서 지역 교회의 단기 선교는 한 민족을 선택해야 한다. 그리고 그 민족을 집중적으로 연구해야 한다. 단기 선교팀도 이러한 전략적 측면에서 보내야 한다. 지역 교회의 단기 선교팀의 움직임은 그 교회의 선교 전략의 유무와 깊이를 보여주는 바로미터가 된다. 단기 선교를 선교 교육적인 측면에서 활용하고 또한 세계 선교 완성을 위한 동원 차원으로 발전시키며, 마지막으로 한 민족의 복음화를 위한 전략적 도구로 사용하는 것이 단기 선교의 삼중적 가치이다. 지역 교회 선교 전략은 바로 단기 선교팀에서 나온다. 단기 선교팀을 전략적으로 활용하는 교회가 선교적 교회로 성장할 가능성이 높다. 왜냐하면 단기 선교는 지역 교회가 선교를 바라보게 하는 '선교의 창'이기 때문이다.

지역 교회의 영적 각성과 부흥

듀안 앤더슨(Duane Anderson)은 단기 선교의 목적에 대해 다음과 같이 말한다.

"단기 선교의 목적은 적절한 단기 선교 경험을 통해서 얻게 된 지역 교회 성도의 부흥이 세상의 갱신(혹은 부흥)을 위한 불씨가 되는 것이다"(백신종, 2008:147).

조나단 에드워즈(Jonathan Edwards)로부터 시작된 기도합주회(Concert of Prayer)의 지향점처럼, 교회 공동체가 세계 복음화를 위하여 헌신하기 위해서는 두 가지 요소가 필요하다. 첫 번째는 영적 각성이고, 두 번째는 이를 바탕으로 하여 지상명령의 성취를 구하는 일이다.

이런 측면에서 지역 교회의 단기 선교는 두 가지 요소를 다 가지고 있다. 영적 각성에 대한 부분은 교회가 공동체적으로 단기 선교팀의 과업을 위해 기도하다 보면 흔히 경험하게 되는 요소이다. 성도들이 한마음으로 단기 선교팀을 파송할 지역의 사람들과 하나님의 선교를 위해 기도하다 보면 영적 각성을 경험하게 된다.

또한 단기 선교팀이 사역을 마치고 돌아와서 회중들에게 보고하는 과정을 통하여 다시 한번 회중들은 선교 현장에서 하나님께서 행하시는, 하나님의 선교에 대한 이야기를 듣고 영적으로 각성하게 된다. 물론 교회 공동체의 지상명령 성취를 위한 기도는 단기 선교 프로젝트가 시작되는 시점부터 일어날 수도 있다. 또한 단기 선교팀의 보고를 통하여 더 깊어지게 된다. 이렇듯 지역 교회가 단기 선교팀을 파송하는 일은 지역 교회의 영적 각성을 통하여 지상명령을 성취하기를 소망하는 기도로 이어지게 되는, 영적 각성의 기회이자 선교 부흥의 기회를 경험하게 한다.

단기 선교의 이슈들

이벤트인가? 지속적인가?

지역 교회의 단기 선교 운동에 부정적인 입장을 보이는 선교지도자들의 비판 중에 이벤트성 단기 선교를 지적하는 경우가 많다. 그러나 생각해 보아야 하는 것은 과연 이벤트를 경험하지 않고, 그 의미를 제대로 깨달을 수 있는가 하는 것이다. 그럼에도 불구하고 단기 선교가 단회성으로 끝나는 현상은 큰 문제점이다.

그렇다면 단기 선교는 어떤 의미로 해석하는 것이 좋은가? 흔히 지역 교회에서 중요한 것은 단회성으로 끝나지 않고 지속성을 갖는다. 대표적으로 예배가 그것이며, 예배를 위한 성가대 활동도 그렇다. 주일학교 교육이나 소그룹 모임도 마찬가지이다. 이런 활동들은 이벤트 성향도 있지만 동시에 지속성도 있다. 그래서 시간이 가면 발전하고, 그 열매도 상당히 있다. 단기 선교 운동도 동일하게 중요성을 부여한다면 이벤트성과 지속성을 동시에 가져야 하지 않겠는가?

지역 교회의 단기 선교의 중요한 요소 중의 하나가 대상을 선정하고 (복수도 가능) 지속적으로 팀을 보내는 것이다. 그렇게 할 때 현장 선교에 도움이 될 뿐 아니라, 단기 선교에 참여하는 참가자들도 현지에 대한 선교적 전문성이 제고(提高)될 수 있기 때문이다. 만약에 지역 교회가 전략적 단기 선교의 대상을 한 개, 혹은 다수로 정하고 지속적으로 팀들을 보내서 사역하게 한다면 현지 사역에 상당한 열매가 있게 되고, 이를 통하여 교회의 단기 선교 사역에 큰 동기부여가 될 것이다.

선교현장을 위한 것인가? 성도들의 선교 훈련용인가?

단기 선교는 성도들에게 선교 교육과 훈련의 의미에서도 중요하고, 동시에 현장 사역을 지원하여 열매를 맺게 한다는 것에도 중요한 의미가 있다(백신종, 2008:55). 그래서 단기 선교를 기획할 때에는 이 두 가지 요소가 어떻게 나타나고 있는지를 잘 살필 필요가 있다.

이런 요소들이 잘 반영되기 위해서는 단기 선교의 기획이 매우 중요하다. 기획자가 단기 선교를 기획할 때 현장의 필요를 먼저 찾아내고, 그 필요에 지역 교회가 어떻게 도움을 줄 수 있을까를 고려해야 한다. 이러한 프로세스를 만족시키려면 결국 단기 선교 참가자를 필요에 맞는 성도들을 중심으로 선발해야 한다.

이런 단기 선교를 전문인 단기 선교라고 한다. 이런 개념의 단기 선교는 현장 선교에 매우 긍정적인 도움이 될 뿐 아니라 참가자들이 자신의 직업적, 사역적 은사를 잘 발휘하는 기회를 얻게 됨으로 교육적인 효과도 매우 높게 된다. 이런 양방향 관점, 혹은 총체적인 관점은 단기 선교가 너무 교회 중심으로 사용되고 있다는 논란을 넘어서서 모두가 하나님의 선교에 참여하는 하나의 방식과 기회라는 통합적 시각을 갖게 해 준다.

소수가 가는가? 전부가 가는가?

단기 선교는 분명히 교회의 구성원 일부를 보내는 사역이다. 그러나 파송이란 개념이 교회 공동체 전체를 대신해서 특정 인물을 선발하여 보낸다는 개념을 생각해 보면, 단기 선교도 교회 공동체 전체가 가는 것이라고 할 수 있지 않을까?(백신종, 2008:34) 단기 선교의 현상적으로 보면 실제로 단기 선교에 참가한 성도들과 그렇지 않은 성도들 사이에 적지 않은 괴리감이 발생할 수 있다. 이런 현상들을 어떻게 보완할 수 있을까?

단기 선교를 기획할 때부터 '교회 공동체적인 단기 선교'의 개념으로 시작하는 것이 중요하다. 그래서 적절한 시기가 되면 단기 선교팀 모집 공고도 공식적이고 공동체적으로 하는 것이 필요하다. 주일 설교를 통해서도 이 사역이 교회 공동체적인 일임을 알리고, 함께 기도하는 것이 필요하다. 단기 선교를 위한 바자회나 펀드레이징(fundraising, 모금), 각종 재능 기부 등을 통하여 전 성도들이 단기 선교팀의 준비에 참여하는 기회를 만들어 줄 필요가 있다.

파송식도 함께 하고 현지에서의 사역 기간에도 중보 기도로 함께하며, 돌아와서 보고회도 교회 공동체적으로 중요하게 치를 필요가 있다. 그렇게 함으로 단기 선교는 소수가 가지만 교회 공동체가 함께 가고, 직접 참여한 참가자 못지 않은 간접 경험을 교회 공동체가 하도록 기획하는 것이 매우 중요하다. 이러한 과정에서 얻게 되는 것들은 성도들이 하나님의 선교에 대한 각성을 하는 것이며, 또한 그 과정에서 하나 됨을 더욱 경험하게 된다는 것이다.

단기 선교를 통해 배우는 것들

예수님께서 제자들을 전도 여행에 파송하시고 그 임무를 마치고 돌아온 제자들은 흥분해서 주님께 그동안 자신들이 경험했던 일들을 자랑스럽게 보고했다(눅 10:17). 예수님께서는 제자들이 경험한 것이 어떤 의미가 있는지에 대해 재해석해 주셨다(눅 10:18-20). 제자들은 주님께서 부여해 주신 권능으로 귀신들을 물리치는 경험을 했다. 그러나 주님께서는 그보다 더 중요한 의미를 말씀해 주셨다.

"그러나 귀신들이 너희에게 항복하는 것으로 기뻐하지 말고 너희 이름이 하늘에 기록된 것으로 기뻐하라"(눅 10:20).

지역 교회의 단기 선교팀들이 파송과 사역 과정을 통해 무엇을 배워야 하는가?

하나님 나라의 재발견

70명의 제자들이 전도 여행에서 돌아와서 보고한 것들은 모두 '하나님 나라의 권능'에 관한 것들이었다. 원래 주님께서 제자들에게 주신 전도 여행의 과업도 하나님 나라를 전파하는 것이었다(눅 10:11). 제자들은 주님의 단기 선교 가이드에 따라서 순종했을 때 하나님 나라가 어떻게 임하는지를 분명히 눈으로 보고 실제로 경험하게 된 것이다.

그렇다면 이런 일들은 지금의 단기 선교에서도 동일하게 일어나고 있는 일인가? 아주 동일한 형태는 아닐지라도 모두 '하나님 나라'에 관한 것은 같을 것이다. 필자도 처음 인도네시아로 단기 선교 여행을 갔을 때에 가장 중요하게 경험한 것이 '하나님의 나라가 얼마나 넓은가!' 하는 것이었다. 그동안 생각으로는 다른 나라에도 그리스도인들이 있을 것이라고 믿었지만 막상 현지의 그리스도인들을 만나면서 그곳에서 행하시는 하나님의 역사를 새롭게 경험할 수 있었다.

단기 선교를 다녀오면 거의 대부분이 큰 변화를 경험한다. 그 핵심은 자신이 이해하고 있는 '하나님 나라'의 넓이나 권능에 대해 새롭게 경험한다는 것이다. 그리고 그 경험은 자신의 정체성을 새롭게 인식하는 것으로 연결된다. 하나님 나라의 백성이 되었다는 확신과 그 의미가 무엇인지를 더 깊이 있게 경험한다는 것이다. 예수님의 가르침처럼 단기 선교 인도자들이 이런 요소를 중요하게 여겨야 하지 않을까?

자신의 직업의 의미에 대한 재발견

지역 교회가 단기 선교를 기획하고 실천하는 과정에서 매우 중요하게 고려해야 하는 한 가지 요소는, 이 과정을 통하여 성도들의 직업적인 은사가 단기 선교에 반영되고 있는가 하는 것이다. 또한 그 과정을 통하여 성도들이 자신의 직업에 담긴 선교적인 의미를 발견하고 있는가 하는 것이다.

이런 요소가 단기 선교 기획에 반영된다면, 팀을 모집할 때부터 그 프로젝트에 적합한 대상들을 모집해서 훈련하고 파송해야 한다. 이런 선교 형태를 '전문인 단기 선교'라고 부른다. 이런 형태의 단기 선교는 현장에서의 사역에 대한 열매가 높을 뿐 아니라 참가자들의 만족도도 높아지게 된다. 왜냐하면 자신이 잘 할 수 있는 직업적 은사를 사역에 반영했기 때문이다.

이런 경험들은 단기 선교 참가자들이 돌아와서 자신의 직업 영역에서 혹은 일상 생활에서도 선교적인 의미를 새롭게 발견하고 선교적 삶(missional life)을 살아가게 하는 데 좋은 동기부여의 기회로 작용할 수 있다. 이러한 요소는 기존의 단기 선교가 단회적이라는 의미를 확장하여 연속적이며 순환적이라는 요소로 발전시킬 수 있게 된다.

국내 외국인들에 대한 재발견

지역 교회가 단기 선교 대상을 전략적으로 선정하여 장기적으로 사역하는 것과 관련하여 이를 국내에서 응용할 수 있는 기회가 있다. 2024년 말 현재 한국에는 전 세계에서 온 2,650,783명의 외국인들이 살고 있다. 교회의 장기적인 단기 선교 대상 지역에서 온 외국인들이나, 국내에 개척된 외국인 교회 공동체를 찾아서 그들과 정기적으로 교제하고 예배하는 시도를 해 보는 것이다.

이런 시도를 할 때 성도들은 일 년에 한 번이 아니라 지속적으로 그 대상들을 만나서 교제할 수 있다. 또한 단기 선교를 통해 시도할 수 있는 것보다 교회 공동체적으로 훨씬 더 다양하게 사역적인 시도를 해 볼 수 있다.

이러한 국내 타 문화권 사역은 현재 한국 교회가 당면한 가장 시급한 선교적인 도전이다. 단기 선교 대상 지역을 국내와 해외 두 군데를 동시에 연결시켜 사역하는 것이 현재 상황에서 매우 유용한 방법으로 활용할 수 있는 기회가 될 것이다.

지역 사회에 대한 새로운 발견

전문인 단기 선교나, 일반적인 단기 선교에서 특별히 현지에서 지역 사회 봉사와 관련된 사역을 경험하게 하는 것은 매우 중요하다. 왜냐하면 이런 요소는 지역 교회들이 '선교적 교회'라는 큰 주제와 관련하여 이를 실행에 옮겨 볼 수 있는 좋은 경험을 제공하기 때문이다.

이미 교회가 위치한 지역에서 지역 사회 활동을 경험하는 교회들은 이 경험을 살려서 단기 선교팀 사역을 기획하면 매우 효과적이다. 평소에 국내에서 하던 것을 장소 만 옮겨서 할 때 쉽게 적용할 수 있기 때문이다.

반대로 단기 선교를 통하여 현지에서 경험한 지역 사회 봉사 활동을 국내에서 교회가 위치한 근처의 지역 사회에 적용하는 것도 매우 좋은 연결점이다. 이런 점을 감안한다면 단기 선교를 기획할 때 교회 공동체가 그리고 있는 선교의 큰 그림을 어떻게 서로 연결시켜서 다이나믹스를 만들어 낼 수 있는지를 구상하여 단기 선교를 기획할 수 있게 될 것이다.

선교적 교회의 단기 선교

지역 교회의 단기 선교는 단지 '해마다 정기적으로 해야 하는 행사'의 의미로 그치지 않는다. 교회 공동체가 단기 선교팀을 파송하는 일은 교회의 정체성이 무엇인가, 혹은 교회가 왜 존재하는가 하는 이슈에 관한 것이다. 이는 부활하신 주님께서 제자 공동체에 오셔서 처음으로 하신 선언을 이어가는 일이기 때문이다.

"아버지께서 나를 보내신 것같이 나도 너희를 보내노라"(요 20:21).

그래서 지역 교회의 단기 선교는 최근 교회론의 핵심으로 등장하고 있는 '선교적 교회'로서의 정체성을 실천하는 매우 중요한 사역의 기회로 인식해야 한다.

글로컬 처치와 단기 선교

단기 선교와 관련하여 지역 교회가 구상해야 하는 마스터 플랜은 사도행전 1장 8절의 원리이다. 이 원리는 현재 전 세계적으로 교회들이 인지하고 있는 글로컬 처치도 맥을 같이 한다. 글로컬 처치(glocal church)는 교회가 특정한 지역 사회에 존재하지만 글로벌한 관점에서 교회 사역을 구상하며, 또한 글로벌한 사역 기획을 하지만 지역 사회를 간과하지 않는다는 것이 핵심 의미이다.

현대 선교의 키워드 중의 하나로 "모든 곳에서 모든 곳으로"(From everywhere to everywhere)의 개념이 있다. 이는 과거의 선교는 선교지와 선교지가 아닌 곳이 구분이 되어 있다고 여겼던 것, 즉 선교를 지리적으로 분명히 경계선을 그었던 것에 비해서 이제는 그 어떤 곳도 선교지가 될 수 있고, 되어져 가고 있다는 개념이다. 이런 선교의 개념이 등장하게 된 핵심적인 요인은 난민, 이주민, 유학 등등의 이유로 형성되는 디아스포라 때문이다.

따라서 지역 교회들이 타 문화 단기 선교를 과거에는 해외에서만 경험할 수 있었지만 이제는 교회에서 멀지 않은 곳에서 타 문화 사회를 만날 수 있게 되었다. 그래서 지역 교회가 단기 선교를 기획할 때에 해외로 가기도 하지만 국내에 있는 동일한 타 문화권 사람들을 어떻게 섬길 수 있을까를 고민할 필요가 있다. 이제는 한국에도 한국인 성도들을 선교사로 파송해야 하는 시대가 되었기 때문이다. 이런 선교 환경의 변화는 지역 교회가 '단기 선교'를 일정 기간 중심으로 삼았던 선교의 개념을 훨씬 더 연장해서 중·장기적으로도 활용할 수 있는 방안들을 구상할 필요가 있다는 신선한 도전을 주고 있다. 이러한 전방위적인 선교를 구상하고 실천할 때 지역 교회는 명실상부하게 '글로컬 교회'로서의 면모를 갖추며 성숙해 가게 될 것이다.

단기 선교와 선교적 삶을 살아내기

이 주제는 현재 한국 교회의 단기 선교를 개선해야 하는 요소 중 가장 중요한 주제이다. 기존의 단기 선교의 패턴을 보면 아주 초기에 가장 많이 사용했던 두 아이템, 부채춤과 태권도가 있었다. 시간이 흐르면서 이러한 단기 선교의 아이템은 더 확장되고 다양화되었다. 그럼에도 불구하고 여전히 문제가 되는 한 가지가 있다.

그것은 바로 단기 선교에 참여하는 성도들이 평소에 선교적인 삶을 얼마나 치열하게 추구했는가 하는 것이다. 예를 들면, 대부분의 단기 선교 팀이 그 프로젝트를 수행하기 위해 평소에는 거의 행하지 않았던 것을 새로 습득해서 현장에서 실행한다. 그리고 돌아오면 그것과 거의 상관없는 삶으로 돌아간다. 선교가 무엇인가 하는 개념의 문제가 담겨 있기 때문이다. 한철호 선교사는 단기 선교에 대해 매우 중요한 의미를 제시하고 있다.

"선교는 가서 우리가 가진 것을 자랑하고 뽐내는 것이 아니라 우리가 그들을 위해 우리 자신을 드리는 과정이다."

이런 문제를 보완하려면 단기 선교의 개념이 '선교적 삶'의 연장선이 되어야 한다. 단기 선교팀을 모집할 때에도 평소에 선교적 삶을 살기 위해 노력하는 성도들을 선발해야 한다. 그리고 이런 시도가 더 발전하면 지역 교회에서 적극적으로 이런 분들을 선교사로 선발해야 한다. 평소에 성도들이 선교적 삶을 살려고 노력하고, 이런 연장선에서 단기 선교에 참여하고, 단기 선교를 통해 경험한 선교적 요소들을 일상생활에 더 깊이 적용하는 순환적인 싸이클, '단기 선교-일상의 선교적 삶-단기 선교-일상의 선교적 삶'으로 이어져야 한다.

제자도와 단기 선교

단기 선교는 단순히 교회가 수행해야 하는 선교의 한 영역이나 방법으로 제한되지 않는다. 앞에서도 언급한 것처럼 단기 선교는 예수님께서 유대주의에 갇혀 있던 제자들을 하나님 나라의 관점으로 변화되고 훈련시키기 위한 핵심적인 제자훈련 방식이었다.

그런 측면에서 국내 타 문화 단기 선교, 혹은 해외 타 문화 단기 선교는 성도들을 세계를 품는 주님의 제자로 훈련하고 성장하게 하는 데 매우 핵심적인 도구이며 기회라고 할 수 있다. 성도들이 타 문화권 사람들을 만나기를 주저하고 꺼려하는 한 성도들은 유대주의에 갇혀 있던 제자들의 한계를 벗어나지 못하게 될 것이다. 그래서 타 문화 단기 선교는 성도들로 하여금 글로컬 성도로, 세계를 품는 주님의 제자로서의 안목과 정체성을 갖게 하는 매우 중요한 훈련의 장이면서 동시에 주님의 지상명령을 실천하고 순종할 수 있는 절호의 기회이다.

타 문화권 선교는 자문화권 선교에 비해 훨씬 더 어려운 작업이다. 자문화권에서 전도의 경험이 거의 없는 성도들이 타 문화권에서 전도한다는 것은 매우 어려운 일이다. 그렇지만 불가능한 것도 아니다. 단기 선교팀에 합류해서 선교 현지에서 하나님께서 행하고 계신 일들을 목도한 성도들이 일상으로 돌아와서 선교의 도전을 받은 삶을 살 수 있게 되기 때문이다. "모든 곳에서 모든 곳으로"의 개념처럼 이제는 성도들이 한국에 있을 때에나 단기 선교팀에 합류해서 사역할 때에나 전방위적인 하나님의 선교에 참여하도록 격려하는 것은 매우 중요하다. 이러한 추진력을 얻기 위해서 지역 교회의 선교부에서는 지역 선교와 국내 타 문화 선교, 해외 타 문화 선교에 참여할 수 있는 다양한 기회를 개발하고 성도들을 격려할 필요가 있다.

이런 관점으로 전방위적인 시도를 계속할 때 어느 날 교회 안에는 타 문화권 성도들이 출현하게 될 것이다. 이럴 때 교회는 글로벌 처치로서, 그리고 다문화 교회 혹은 다민족 교회로서의 면모를 갖추게 될 것이다.

총체적 단기 선교를 위한 제언들

지금까지 살펴본 바와 같이 지역 교회의 단기 선교는 '단기'라는 기간에 초점이 있는 것이 아니다. 그보다는 '하나님의 선교'에 순종하는 '교회의 선교'에 더 강조점이 있다. 또한 '개인 단위의 선교'가 아니라 '공동체적 선교'에 방점이 있다. 또한 선교사나 특별한 몇 사람들만의 선교가 아니라 온 성도들이 참여하는 '모든 성도들의 선교 참여'에 더 의미가 있다. 이러한 요소들을 단기 선교라는 기회에 반영함으로 교회 공동체의 본래의 의미를 구현하기 위해 다음과 같은 요소들이 필요하다.

교회의 선교 목표 설정

교회는 하나님의 선교를 온전히 수종들고 섬기기 위해서는 교회 선교 목표를 설정하는 것이 선행되어야 한다. 기존의 선교사를 몇 명 파송한다는 숫자는 결코 선교의 목표가 될 수 없다. 선교사를 몇 가정 파송해야 하는 이유는 교회가 설정한 선교의 목표를 이루기 위해서이다.

선교의 목표를 설정하기 위해서는 사도행전 1장 8절에서와 같이 국내와 해외에서의 전략적 대상을 선정해야 한다. 그리고 그 대상을 향하여 언제까지 무엇을 하고 싶은지를 정한다. 그것이 선교의 목표 설정 과정이 될 것이다. 교회의 선교 목표는 성도들 모두가, 어린아이들로부터 시작해서 노인들까지 인식하고 공유하는 아주 간결하면서도 분명한 것이어야 한다.

단기 선교는 교회의 선교 목표를 수행하기 위한 중요한 전략이자 기회로서의 의미가 있다. 교회의 선교 목표가 정해지면 단기 선교가 전략적인 측면에서 기획할 수 있고, 장기적으로 진행할 수 있으므로 최소한 5~10년을 지속하면 어느 정도의 선교적인 열매를 얻을 수 있게 될 것이다.

성도들의 선교적 삶에 대한 도전

교회의 선교 목표를 설정하는 것도 중요하다. 동시에 일상생활에서 성도들의 선교적 삶을 살아가는 노력이 필요하다. 이러한 일을 위해서는 교회의 소그룹 모임을 선교적 소그룹으로 전환해야 한다. 구조적인 전환보다는 소그룹의 내용이 보내심을 받은 성도로서 가정과 직장, 그리고 이웃에서 어떻게 선교적 삶을 살아갈 것인지를 배우고 나누고 격려하는 모임으로 작용해야 한다.

성도들의 선교적 삶을 실천하기 위한 공동체적인 노력의 일환으로 '선교 수련회'와 같은 행사를 기획해 볼 수 있다. 이는 기존의 수련회와 단기 선교의 사역 개념을 통합한 것으로, 낮에는 지역 사회에 봉사하고 아침이나 저녁에 말씀과 기도의 시간을 갖는 방식이다.

소그룹 모임과 공예배에서도 '지난 한 주간 하나님께서 나를 통하여 무엇을 하셨는지'를 나누고 감사하는 것이야말로 예배에서 선교를 배우고 실천하는 아주 중요한 요소가 될 것이다. 이러한 선교적 공동체가 단기 선교팀으로 파송했을 때에 현지에서도 현지의 성도들에게 선교적으로 살아가는 삶에 대해 도전하고 격려할 기회를 얻게 될 것이다.

장, 단기 선교사 선발의 기회들

지역 교회의 단기 선교가 지속되면서 매우 중요하게 여겨야 하는 열매 중의 하나가 이 사역을 통하여 장,단기 선교사가 배출되고 있는가 하는 것이다. 교회가 한 지역을 집중적으로 매년 단기 선교팀을 파송하게 될 때 이러한 열매를 얻을 가능성이 높다.

그 지역을 지속적으로 방문한 멤버 중에서 헌신자가 나오기 때문이고, 그런 과정이 매우 자연스럽다. 그런 과정에서 발굴한 장, 단기 선교사는 자신도 익숙하고, 이를 옆에서 지켜보고 함께 경험한 성도들의 지원과 응원도 함께 오기 때문에 매우 긍정적인 열매를 얻을 수 있게 될 것이다.

이런 열매는 지역 교회의 청년들이나 장년들, 심지어 청소년들에게도 매우 긍정적인 도전으로 작용한다. 선교사가 되는 것이 그리스도인들의 가장 최선의 헌신이나 성숙은 아니지만, 동시에 이러한 헌신과 파송만큼 성도들의 선교적 삶에 도전을 줄 수 있는 요소도 흔치 않을 것이기 때문이다.

비대면 방식의 선교 지원 & 선교 교육

비대면 방식의 사역들은 단지 코로나 바이러스와 같은 환경 때문만은 아니다. 그리고 이런 방식의 사역은 전에도 중보기도 형식이나, 전화, 편지 등으로 있어 왔다. 비대면 방식의 사역은 대면 방식의 사역을 대체하는 것이기보다는 보완하는 의미가 더 포괄적인 해석일 것이다. 과거에도 여러 선교 모임에서는 선교사들의 사역이나 선교지들의 영적 부흥을 위해 정기적으로 모여 기도했다. 또한 선교사들과 편지나 전화, 이메일 등으로 소통해 왔다.

교회의 소그룹 모임이나 선교 교육 모임에서 현지 선교사와 화상으로 연결하여 직접 현지 상황을 듣고 대화하며, 질문도 하고 함께 중보기도를 할 수 있다. 심지어 현지의 교회 성도들과도 화상으로 함께 예배하고, 기도하며, 소그룹 방을 만들어 교제도 할 수 있다.

이런 비대면의 화상으로의 만남은 기존에 다녀왔던 단기 선교 지역에 대한 연장으로 사용할 수 있다. 또한 향후에 방문하기를 계획하고 있는 지역에 대해서도 시도해 볼 수 있다. 이런 과정을 통하여 필요하면 언제든지 지역과 시간을 초월하여 화상으로 만나서 교제하고, 기도하고, 예배할 수 있다는 점에서 일년 연중으로 시도해 볼 수 있는 더 좋은 기회로 활용할 수 있을 것이다.

선교 단체와의 협력

지역 교회의 선교는 선교 단체와 협력할 때 가장 효과적이고 전략적이며, 장기적인 사역으로 이어갈 수 있게 된다. 선교 단체들은 이미 이런 영역에서 오랜 경험이 있으며, 노하우도 있고 인적 자원도 상당히 준비되어 있기 때문이다.

지역 교회가 한두 개의 선교 단체를 선정하여 지역 교회의 선교 목표를 수립하는 일과 교회 선교에 대한 전반적인 멘토링, 그리고 단기 선교와 선교사 선발 등에서 협력한다면 최대의 효과를 얻게 될 것이다.

나가는 말: 하나님은 단기 선교를 통하여 무엇을 하시려 하는가?

단기 선교는 지역 교회가 매년 해야 하는 어떤 행사 정도가 아니다. 단기 선교는 지역 교회가 왜 존재해야 하는가 하는 이슈와 관련된 교회 공동체적인 사역의 기회이다. 단기 선교를 통하여 교회는 적은 수를 보내지만 교회 공동체 전체가 가는 효과를 경험할 수 있다. 단기 선교를 일년에 한두 번 하지만 연중 지속적으로 보내는 효과를 얻을 수 있다.

단기 선교를 통하여 성도들에게 타 문화를 경험하게 함으로 세계를 품는 주님의 온전한 제자로 훈련할 수 있다. 성도들이 지역에만 국한된 것이 아니라 글로컬한 정체성을 갖는 성도들로 성장할 수 있는 기회로 활용할 수 있다.

단기 선교를 통하여 지역 교회의 하나 됨을 경험하고 계속해서 더 하나 되는 방향으로 나아갈 수 있는 좋은 모티브를 얻을 수 있는 기회가 될 수 있다. 무엇보다도 총체적인 단기 선교 기획과 실행을 통하여 지역 교회가 하나님의 선교를 위한 하나님 나라의 대리인으로서의 정체성을 회복하고 순종하는 데 매우 중요한 기회로 단기 선교를 사용할 수 있다.

무엇보다도 하나님께서 지역 교회들에게 선물로 주신 '단기 선교'의 기회를 통하여 하나님께서 전 세계에서 무엇을 하고 계신지에 대한 인식, 그리고 하나님께서 우리 교회를 통하여 이 지역 사회와 열방 가운데 무엇인가를 하고 계신다는 것을 발견할 수 있다면, 우리는 오병이어의 기적처럼 단기 선교의 작은 헌신을 통하여 하나님께서 수많은 사람들에게 생명을 공급하시는 일을 경험하게 될 것이다.

나눔을 위한 질문들

1. 우리 교회가 그동안 해 왔던 단기 선교의 핵심 주제들(과제, 혹은 목적)은 무엇인가? 이러한 주제는 '하나님의 선교' 혹은 '선교적 교회'의 의미에 얼마나 부합했다고 평가할 수 있는가?

2. 우리 교회가 더 깊이 고민하고 연구해야 할 단기 선교의 주제, 혹은 과제는 무엇이라고 생각하는가?

7장
선교위원회의 성경적이고 효과적인 운영

7장
선교위원회의 성경적이고 효과적인 운영

지역 교회의 선교적 사명

선교의 하나님, 교회의 선교

선교의 출발점은 하나님이시다. '교회의 선교'라는 표현이 잘못은 아니지만, 선교의 원천은 교회나 선교 단체 또는 선교사가 아니라 하나님이시라는 의미다. 교회의 선교는 독자적 행위가 아니라 하나님의 선교로부터 흘러나오는 것이고, 또 그래야 제대로 된 선교라 할 수 있다. 선교학에서 자주 사용하는 라틴어 명사구 '미시오 데이'(*missio Dei*)는 '하나님의 선교'로 번역할 수 있다(정민영, 2024:19).

결국 삼위의 하나님 안에 성부 하나님이 성자 하나님을 세상에 보내시고 이어서 성령 하나님을 보내신 것인데, 놀랍게도 교회를 '그리스도의 몸'으로 부르시고 삼위 하나님의 선교에 동참하도록 초청하셨다. 이처럼 선교는 그리스도의 몸으로써 교회에 위임된 본질적 사명이기 때문에 교회는 지속적으로 선교적 사명을 추구해야 한다.

주님께서는 빌립보 가이사랴 지방에서 제자들에게 위대한 선언을 하셨다.

"내 교회를 세우리니 음부의 권세가 이기지 못하리라"(마 16:18).

주님께서는 음부의 권세, 즉 사탄의 권세를 무너뜨리기 위해서 교회를 세우실 것을 선포하셨다. 그리고 음부의 권세를 이기는 교회에 또한 '천국 열쇠'(마 16:19)를 맡겨 주셨다. 교회는 음부의 권세를 이기며 천국 열쇠를 사용하여 세계 복음화를 이루는 주님의 몸 된 교회로써 사명을 감당해야 한다. 선교의 하나님께서 자신의 일(요 5:17)을 위해 교회를 사용하시며, 교회에 자신의 선교를 위임하셨다.

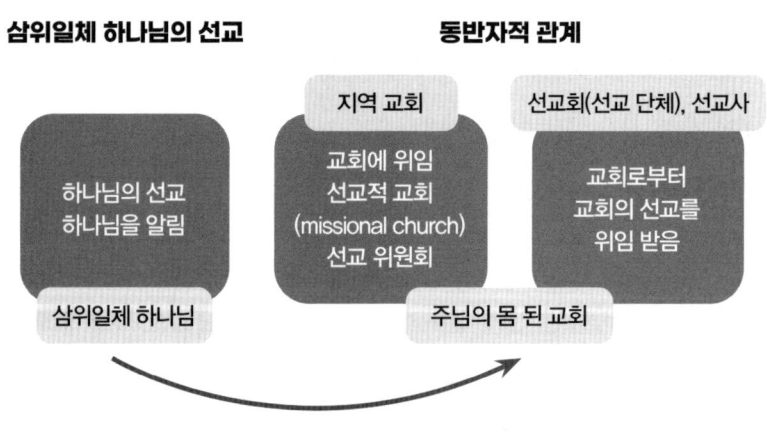

그림1. 교회에 위임된 하나님의 선교

교회의 선교를 담당하는 두 조직체

하나님의 선교를 위임받은 교회는 언제나 그 사명을 추구해야 한다. 그러나 오늘날 한국 교회뿐 아니라 전 세계 많은 지역 교회에서 선교의 사명이 잊히고 있는 듯하다. 크리스토퍼 드웰트는 서구 선교 단체가 생존을 위해 버둥거리고 있고, 현대 선교 단체는 심각한 자원 경쟁에 내몰려 있으며, 선교사 후보 층의 사회학적 변동으로 헌신자들이 줄어들고 있으며 그리고 후원 교회와 개인들이 손쉽게 접촉할 수 있는 편을 더 선호하는 강한 시대적 흐름에 직면함으로써 전통적 선교 단체들이 위기에 직면해 있다고 말한다(드웰트, 2016:329).

서구뿐 아니라 한국 선교연구원이 발표한 동향 보고서에 따르면 한국 역시 선교의 지속 가능성이 악화되어 가고 있는데 그 원인을 '교회 성장 정체'로 보고하고 있다(강혜진, 2016). 한국 선교의 흐름을 볼 때 1980년대 초부터 선교에 대한 열정을 먼저 일으키고 불을 붙인 것은 '소달리티'(sodality)였다(윈터, 2012:261).[1] 전문성을 가진 기동력이 빠른 소달리티가 먼저 선교의 열정을 드러냈다. 이 시기는 초교파 선교 단체들의 전성기였다. 이 열정이 바로 '모달리티'(modality)인 지역 교회를 자극하게 되었고

---

1 "모달리티는 성별이나 연령 구분 없이 누구나 그 구성원이 될 수 있는 조직을 가진 공동체이다. 반면 소달리티는 연령이나 성별, 혹은 결혼 여부에 따라 제약이 있는 조직을 가진 공동체이다. 따라서 소달리티 회원이 되려면 성인으로서 다시 한번 특정 사역에 헌신하는 제2의 결단을 해야만 한다. 이 두 용어를 이러한 개념으로 사용하면, 교단이나 지역 교회는 모달리티에 해당하며, 선교회나 지역 교회, 각종 남녀 선교회는 소달리티에 해당한다"

90년대를 지나면서 지역 교회 구조가 소달리티의 선교를 앞지르게 되었다(이현모, 2011:153-154).

그러나 2000년대 들어오면서 교회 성장 정체로 인해 한국의 선교도 하향세를 겪고 있다. 오늘의 한국 교회는 대단히 선교의 열정이 있어 보이지만 실상은 지역 교회들이 회중 지향적이며, 선교 중심적이 되지 못하고 있는 실정이다. 교회가 목양 중심 구조에서 벗어나지 못하고 있으며 교회의 생존을 위해 힘을 쏟고 선교는 '잊혀진 사명'이 되어 가고 있다.

하나님의 선교를 담당하는 교회의 두 구조는 사실 새로운 것이 아니다. 유대교 안에는 그들이 어느 곳에 있든지 성인 남자 열 명이 있는 곳에는 회당을 만들어 생활했을 뿐 아니라 바다와 육지를 두루 다니는 유대교 '전도단 형식'의 조직이 있었다(마 23:15). 기독교 공동체가 형성되던 시기 역시 예루살렘과 안디옥의 '지역 교회' 구조뿐 아니라 이들에 의해 파송을 받은 바울과 바나바의 '선교단' 조직이 있었다. 중세 천 년 동안 모달리티에 해당되는 '주교 관구 조직체'와 소달리티에 해당하는 '수도원 조직체'가 때로는 갈등과 경쟁 관계를 만들기도 했지만, 궁극적으로는 적절한 조화를 이루면서 통합적인 사역을 이루었다.

개신교는 1517년 종교개혁 이후 윌리엄 캐리(William Carey)가 1792년에 그의 유명한 책 『이교도 선교 방법론』(1792)에서 선교의 '수단'(means)으로서 모달리티를 주장할 때까지 거의 300년 동안 선교를 위한 어떤 조직체도 갖고 있지 않았다. 전통적인 교회나 교단들이 선교의 사명을 잘 감당하지 못할 때 많은 선교 단체가 생겨나 그 역할 감당했고, 그런 상황 속에서 자연스럽게 한쪽이 다른 쪽의 문제점들을 지적하기도 했으며, 교회는 선교 단체의 신학적인 결함을 지적하고, 선교 단체는 교회의 획일성과 계층 구조의 문제들을 비판하기도 했다. 그럼에도 불구하고 랄프 윈터(Ralph Winter)는 두 형태가 모두 성경적이고 역사적으로 하나님의 선교를 잘 감당했기에 대위임령(The Great Commission)을 완수하기 위해서는 모달리티와 소달리티 모두가 정당한 하나님의 기관임을 인정하라고 말한다(윈터, 2012:266-167).

긴장에서 협력으로

하나님의 구속적 선교의 두 구조로써 '지역 교회'와 '선교 단체'는 어떻게 함께 사명을 감당할 수 있을까? 현대 교회의 구조에서는 목사와 교사, 특별히 목사 직임에 대해서는 교회의 가장 우선순위에 있으면서 가장 큰 비중의 투자가 있지만 사도적인 직임은 그렇지 못하다. 교회가 선교적 운동을 원한다면, 사도적 특성(Apostolic Genius)이 회복되어야 하며, 사도적 사역을 행해야 한다(허쉬, 2023:314-315). 지역 교회는 회중 중심 구조로 되어 있어 안정과 성장을 추구하고 있지만, 지역 사회를 향하여 또는 타 문화권을 향하여 보내심을 받은 교회로서의 기능은 매우 미약하다. 이에 비해 선교 단체는 복음의 확산이라는 운동성이 강한 구조이지만 지역 교회로부터 선교 자원을 공급받기 어려워지고 있다.

이 두 구조가 어떻게 하면 긴장의 관계에서 협력의 관계로 나아갈 수 있을까? 지역 교회가 더욱더 선교적으로 되기 위해서 그 분야에 대한 인적, 물적 투자가 있어야 한다면 그 대상과 역할은 누구의 몫일까? 세계 복음화라는 목표는 더 이상 선교 단체(선교사)만으로 이루어지지 않는다는 것은 지난 세기의 경험이 말해 주고 있다.

지역 교회의 선교를 활성화하고 선교 단체와 협력하기 위해서 교회의 사도적 직임과 기능을 부활시켜야 한다. 이를 위해 은사에 따른 리더십과 팀 사역을 추구하는 사도적(Apostolic) 리더십 형성이 중요하다(이상훈, 2017: 66-67). 교회는 그 직임을 감당할 현대적인 조직을 만들어야 한다. 그 조직이 바로 지역 교회의 선교 위원회이다.

지역 교회의 선교 위원회

정체성

주님께서 세계 복음화를 위해서 교회를 세우셨고 교회가 그 사명을 감당하기 위해서는 그에 대한 우선순위를 부여하고 이를 감당할 부서를 만들어야 한다. 주님께서 교회에 주신 선교적인 사명을 완수하기 위한 핵심적인 부서가 바로 선교 위원회이다. 21세기의 현대 교회가 음부의 권세를 이기고 하나님 나라를 건설하는 세계 선교의 대리인으로서 제 기능을 하려면 교회에 이러한 선교 위원회 존재론에 기초한 반석과 같은 선교 위원회를 만들어야 한다. 세계 선교를 감당하게 하는 지역 교회를 위한 하나님의 전략적 대안이 바로 선교 위원회인 것이다. 선교 위원회는 지역 교회의 선교적 사명을 다하기 위하여 존재하는 위대한 선교의 대리자이다.

선교 위원회는 하나님의 선교 대리자라는 정체성을 가지고 세 가지 자질을 개발해야 한다(송기태, 2016).

첫 번째는 교회를 구성하는 다섯 가지 은사 중에서 사도적인 은사(엡 4:11)이다. 교회에서 전도를 잘하고 열정이 있는 성도라면 우선적으로 선교위원으로 초청 대상이 될 수 있다. 또한 지역 사회를 향하여 봉사에 열심이 있는 성도들도 이에 해당한다. 외부 지향적이고 변화를 추구하는 성도들도 사도적 은사를 가진 자들이다. 선교는 개척적인 것이며 개혁적인 속성을 지니고 있기 때문에 이런 자질을 갖춘 성도들로 선교 위원회를 구비시켜야 한다.

두 번째는 성품적인 면(행 6:3)이다. 선교 위원들의 성품적인 측면은 은사적인 측면과 매우 긴밀한 연관성을 가지고 있다. 왜냐하면 자칫 외부 지향적이고 활동적인 기질이 절제되지 않고 훈련되지 않았을 때 모임을 파괴하는 역할을 할 수 있기 때문이다. 착한 성품(행 11:24)은 교회 안에서 다른 부서나 여러 지체와 관계를 원활하게 하는 역할을 할 뿐 아니라 외부 지향적일 수밖에 없는 선교 위원회를 타 부서와 단체와의 협력을 만들어내는 데 필수적 요소이다.

세 번째는 지식적 측면이다. 하나님의 선교를 위해서는 성경적 지식에서 어느 정도 훈련이 필요하다. 또한 세계 선교에 대한 지식과 안목을 겸비하여야 한다. 지식적 측면은 선교위원으로 활동하는 데 기능적인 부분으로 필요하다. 따라서 선교 위원들은 성경과 선교를 배우는 학습 공동체여야 한다.

많은 교회가 선교라는 이름으로 무엇을 하는 것(doing)에는 익숙하지만 선교적 체질이 되는 것(being)에는 부족하다. 그러나 무엇을 하는 것은 체질이나 됨됨이, 즉 정체성에서 나온다. 선교 위원회가 선교적 체질이 되지 않는다면 선교가 제대로 이루어지기 어렵다(손창남, 2016:11). 따라서 선교 위원회의 정체성은 아무리 강조해도 지나치지 않는다.

책무

책무는 성경의 청지기 개념에서 근거한다(마 25:14-30). 하나님이 위탁하신 자원을 그분의 의도에 따라 최선을 다해 효과적으로 사용하고, 그 과정과 결과를 계산하는 것을 청지기적 책무라 일컫는다. 모든 그리스도인은 하나님 앞에서 삶과 사역의 책무를 충실히 감당하려는 자세를 유지해야 한다. 기업이든 교회든 사회단체든 직무 체계가 바로 서 있어야 신뢰할 만한 건강한 단체로 인정받을 수 있다. 신용이 없는 단체가 지속적으로 효율적인 사역을 감당하리라 기대할 수 없을 것이다(정민영, 2006:20-21). 교회의 선교에 있어서 누가 책무를 가지는가? 모든 성도는 자신들이 하는 일에 대한 책무(롬 12:3-8)가 있다. 선교 사역에 있어서 선교사들, 파송 단체들, 후원 기관들뿐 아니라 지역 교회 선교 위원회 또한 그 책무가 있다(박기호, 2006:121).

동원(mobilization) 및 참여(engagement)의 의무

지역 교회의 선교를 위해 선교 위원회는 영적, 인적, 물적 자원을 끌어들여 모든 하나님의 백성이 선교의 부르심을 인식하도록 동원해야 한다. 선교 단체가 사역을 주도하던 동원의 개념을 내려놓고 지역 교회의 선교적 DNA를 강화해 함께 과업을 완수하는 참여 모델로 선회하는 방향 전환의 필요성이 대두되고 있지만(정민영, 2014:46-47), 여전히 지역 교회는 선교 헌신자를 발굴하고 그들을 선교사로 보내는 일에 책무를 다해야 한다. 또한 지역 교회가 지역사회에 이미 보내진 하나님의 교회로 자신의 달란트대로 맡겨진 사명들을 잘 감당하기 위해 선교적 삶으로 참여하도록 이끌어야 할 책무도 선교 위원회에 있다.

파송의 의무(합당하게 전송, 요삼 1:6-8)

요한삼서는 지역 교회와 해외 선교사들의 관계에 관해 이야기하고 있다. 요한은 가이오와 그 교인들에게 "네가 하나님께 합당하게 그들을 전송하면 좋으리로다"(요삼 1:6)라고 쓴다. 이는 지역 교회의 파송에 대한 도

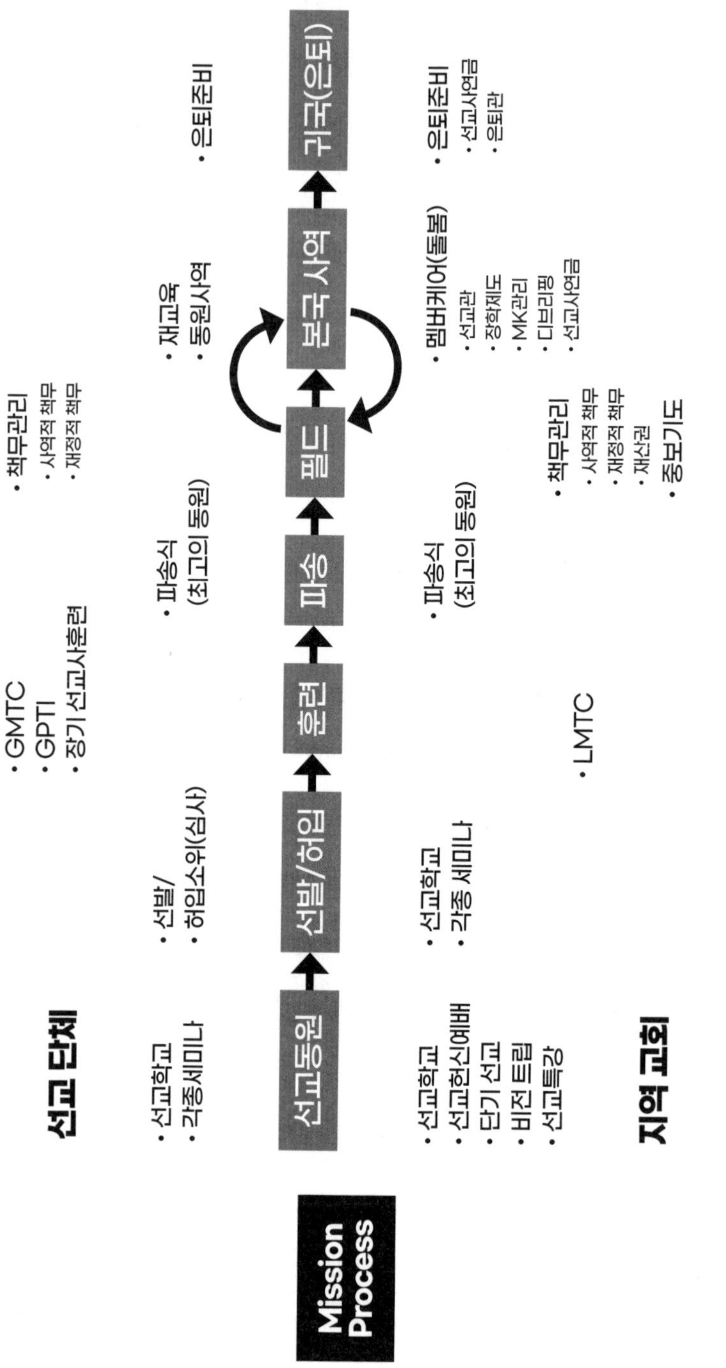

선교 단체

- 선교학교
- 각종 세미나

• 선발/
  허입소위(심사)

• GMTC
• GPTI
• 장기선교사훈련

• 파송식
  (최고의 동원)

• 책무관리
  - 사역적 책무
  - 재정적 책무

• 은퇴준비

Mission Process

선교동원 → 선발/허입 → 훈련 → 파송 → 필드 ⇄ 본국사역 → 귀국(은퇴)

• 재교육
• 동원사역

• 은퇴준비
  - 선교사연금
  - 은퇴관

지역 교회

- 선교학교
- 선교한신예배
- 단기 선교
- 비전 트립
- 선교특강

• 선교학교
• 각종 세미나

• LMTC

• 파송식
  (최고의 동원)

• 책무관리
  - 사역적 책무
  - 재정적 책무
  - 재산권
• 중보기도

• 멤버케어(돌봄)
  - 선교관
  - 장학제도
  - MK관리
  - 디브리핑
  - 선교사연금

그림2. MLC(Missionary Life Cycle)

전적인 책임을 나타낸다. 이 모든 일이 "하나님께 합당하게" 선교사들을 위해 행해져야 한다고 말한다. 지역 교회가 선교사들을 '합당하게' 파송한다는 것은 어떤 의미일까?

요한의 결론이 단호하게 뒤따라 나온다.

"그러므로 우리가 이 같은 자들을(선교사들을) 영접하는 것이 마땅하니 이는 우리로 진리를 위하여 함께 일하는 자가 되게 하려 함이라"(요삼 1:8).

여기에서 "우리가 마땅하니"는 약하다. 그것은 "우리가 하지 않을 수 없다", "우리는 그들에게 빚을 지고 있다"라고 번역하는 편이 더 낫다고 크리스토퍼 라이트는 이야기하고 있다(라이트, 2012:326-328). 따라서 지역 교회는 그리스도의 이름으로 보냄 받은 자들을 후원할 의무가 있고, 이 일은 특별히 선교 위원회의 재정적 책무를 포함하는 파송의 책무이다. 파송 기관으로서 지역 교회는 선교사들을 기도와 물질로 후원하는 책무를 지니고 있다. 근본적으로 요한은 그것을 '사랑'의 관계로 묘사한다(요삼 1:6).

협력의 의무(동역의 의무)

한국 교회의 선교에 있어서 가장 큰 문제점을 꼽으라면 아마도 개 교회의 독자적인 선교일 것이다. 지역 교회들이 선교 단체를 동반자라고 생각할 때도 있지만 때로는 경쟁자라고 생각하는 것 같다. 하지만 선교는 본질적으로 동반자적이다. 선교의 과정이 협력의 형태로 만들어지지 않는다면 그것은 결코 하나님의 선교가 아니다. 삼위 하나님의 동반자적 관계 속에서 하나님의 선교가 있다. 예수님의 대제사장적 기도(요한복음 17장)를 보아도 우리는 하나로 협력해야 한다. 또한 교회의 선교는 그리스도의 몸으로 동반자 관계에 있다. 사도들의 선교활동에서도 예수님은 12명과 70명의 그리스도의 사신들(마 10장; 눅 10장)을 협력의 모델로 보내셨다. 바울은 훌륭한 개척 선교사로 흔히 인정되지만, 그는 많은 사람들과 더불어 밀접하게 동역하였다. 로마서 16장에는 그의 동역자 이름이 36명이나 나온다. 그들은 바울의 선교 동역자였을 뿐 아니라 궁극적으로 '하나님의 동역자'(고전 3:9)였다(선퀴스트, 2015:700-704).

지역 교회 선교 위원회는 교회의 선교를 감당하기 위해서 누구와 협력(동역)해야 할까?

첫 번째, 목양 중심 구조의 리더인 목회자들과 협력해야 한다. 가끔 선교의 열정이 넘치는 지역 교회 선교 위원회 안에서 담임 목사와 선교 장로들의 다툼 소식이 들려온다. 목회적 은사와 사도적 은사는 다른 은사이므로 서로 존중하면서 협력해야 한다.

두 번째, 파송된 선교사들과 협력해야 한다. 필드 중심의 사고를 하는 선교사를 파송 교회 중심의 사고로 다 이해하기란 쉽지 않다. 하지만 바울과 그의 동역자들이 여러 사람에게 여러 모양(고전 9:22)으로 섬겼듯이 다양한 선교의 협력 모델을 만들어야 한다.

세 번째, 선교 단체와 협력해야 한다. 선교 단체는 결코 지역 교회의 선교 경쟁자가 아니다. 선교사의 책무와 단체의 책무, 그리고 지역 교회의 선교 책무를 잘 이해하지 못할 경우 협력보다 단독 사역을 하기 쉽다. 하지만 앞서 말했듯이 선교는 본질적으로 '동반자적 관계'여야 한다.

네 번째, 지역 교회들이 함께 협력해야 한다. 하나님께서 각 교회의 사명을 통해 역사적으로 그 교회를 통해 지역의 복음화를 이루어 오셨다. 교회마다 쓰임이 다를 수 있으며, 특히 이주민 사역의 필요가 늘어나는 현재의 선교적 상황에서 더욱더 교회 간의 협력이 필요하다.

다섯 번째, '모든 곳에서 모든 곳으로' 향하는 선교의 시대에는 디아스포라 성도들과 협력이 필요하다. 사실 이것 또한 새로운 것은 아니다. 바울이 헬라와 로마 지역의 선교를 담당하기 전에 이미 '흩어진 사람들'(행 8:4)에 의한 '풀뿌리 선교'가 이루어져 있었다(손창남, 2015:100).

이외에도 선교 위원회는 교회 안의 타 부서와 협력의 관계를 잘 만들어야 한다. 협력의 관계는 어렵기도 하지만 근본적으로 선교 위원회의 성장에 큰 힘이 된다. '타자'를 통해 '자신'의 선교가 어떠해야 하는지 가장 많이 배울 수 있기 때문이다. 이런 불완전한 협력관계를 잘 이루어 가는 것이 선교 위원회의 책무이다(손창남, 2016:49-51). 협력의 사역들은 선교 위원회 역할에서 좀 더 살펴보자.

사실 책무에 있어서 가장 중요한 것은 청렴함(integrity)이다. 하나님의 선교를 위임받은 교회의 선교는 수직적인 책무와 함께 수평적인 책무를 가지고 있다. 하나님께서 청지기에게 책무를 주신 것은 그 자신(교회)을 위함이다. 선교사들에게 그리고 선교 위원회에게 부여된 책무는 결코 짐이 아니다. 그것은 선물이다. 하나님이 우리에게 책임을 묻는 것은 우리를 보호하시기 위함이다. 우리는 선교 위원회의 책무를 이야기할 때 벅찬 도전으로 받아야 할 것이다. 서로가 서로에 대하여, 그리고 주께 대하여 책무를 기대하고, 책무를 다함으로 서로를 명예롭게 해 달라고 기도하여야 한다(라이트, 2006:81-83).

역할

선교 위원회의 책무와 역할을 이해하기 위해서 MLC(Missionary Life Cycle)를 살펴보아야 한다(라이트, 2006:81-83). MLC는 선교사의 사역 주기를 나타낸 것으로 이를 통해 지역 교회와 선교 단체의 역할을 좀 더 구체적으로 이해할 수 있다(미션 로드맵).

선교 동원

앞서 말했듯이 선교 위원회는 영적, 인적, 물적 자원을 끌어들여 모든 하나님의 백성이 선교의 부르심을 인식하고 참여하도록 동원해야 한다. 우리의 고유성에 따라 우리와 동역하기 원하시는 하나님과의 관계를 맺을 수 있도록 선교 동원을 위해 여러 프로그램을 운영할 수 있다. 선교 학교와 같은 오리엔테이션 프로그램에서부터, 전 교인을 대상으로 하는 선교 헌신 예배, 이뿐 아니라 단기 선교, 비전 트립 등 여러 프로그램 운영을 위해서 선교 단체와 협력을 통해 강사를 제공받기도 하고, 프로그램을 기획 단계부터 함께 만들어 갈 수 있다. 특별히 타 문화권 '선교사'로의 부르심에 헌신한 사람들을 발굴할 경우 이들을 훈련하고 파송하는 데에는 선교 단체의 멘토링이 지속적으로 필요하다. 동원에 있어서 이런 영역은 지역 교회의 수준을 뛰어넘는 전문성이 요구된다.

따라서 선교 단체와의 협력은 동원의 단계에서부터 필수적이다. 선교 단체와 동역을 만들어 가려 할 때 소위 '작은 교회'는 어렵지 않느냐는 질문을 받게 되는데 많은 선교 단체가 작은 지역 교회에도 열려 있으며, 결국 두드리는 자에게 문은 열릴 것이다. 지역 교회와 여러 선교 단체가 선교 헌신자를 공동으로 발굴하고 멘토링한 프로그램이 지역에서 있었다. 모델을 참고하기를 바란다(대구동신세계 선교회, 2019a; 대구동신세계 선교회, 2019b).

선발/허입

선교 위원회는 교회 내·외부 선교 헌신자를 위한 파송 프로세스를 구축하여야 한다. 단기 선교사, 공동 파송 선교사, 장기 선교사, 협력 선교사 파송을 구분하여 자격 요건과 진행 절차를 만들어야 한다. 이런 선발과 허입 과정은 지역 교회뿐 아니라 파송 기관인 선교 단체에서 함께 이루어진다. 선교 위원회는 인사위원회를 구성하고, 허입 심사 과정을 진행함으로써 그들이 파송해야 할 선교사를 이해하고 어떻게 도울지 알게 된다. 이 선발과 허입 심사의 과정이 짧을 경우 오히려 선교사는 파송 교회에 대한 책무를 다 이해하지 못하게 되고, 선교 위원회 역시 그들이 파송하는 선교사를 전인격적으로 돌보기 어렵게 된다. 이 과정이 허입 여부만을 결정하는 것이 아니라 선교사와 지역 교회가 서로를 이해하고 동역을 만들어 가는 과정임을 양쪽이 명심해야 한다. "파송 교회와 선교기관이 당신에 대해 알고 싶어 하는 것"이란 글을 참고하기 바란다(김태정, 2014:202-204).

훈련/파송

선교 동원 단계에서 시행하는 훈련과 더불어 선교사 후보를 훈련하는 과정이 필요하다. 하지만 대다수의 교회에서 선교사 후보를 자체적으로 훈련하기란 쉽지 않다. 이 부분은 선교 단체에 위임해야 한다. 단기 선교사 파송을 위한 훈련 프로그램은 지역 교회 자체적으로 혹은 단체의 협력 프로그램(예, LMTC)으로 시행할 수 있다.

선교사 파송식은 최고의 선교적 동원이 이루어지는 시간이다. 보내는 자와 가는 자가 함께 하나님 앞에서 서약하고, 서로의 책무를 다짐하는 시간이며, 한 사람의 선교사를 합당하게 전송(요삼 1:6-8)하는 훈련이 되는 시간이다. 아쉽게도 지역 교회가 전 교인이 모인 자리에서 파송식을 시행하는 경우는 드물다. 선교 위원회는 파송 단체와 함께 파송식을 특별하게 준비해야 한다.

선교 위원들의 훈련은 어떻게 할 수 있을까? 선교 위원들이 단순히 '선교를 하는 교회'에 머물지 않고 '선교적 교회'로 성장하기 위해서는 내·외부적 코칭과 학습이 필요하다. 선교 위원회의 많은 일들을 하다 보면 정작 선교 위원들은 고착화된다. 선교 위원회의 사역 중에 무엇을 줄이거나 그만둘 것인지, 새롭게 할 것과 더 할 것이 무엇인지 세미나나 워크숍을 통해 학습해야 한다. 세미나가 일방적인 강의식이라면 워크숍은 성도들이 참여하는 활동을 통해 선교적 교회에 대한 이해도 높이고 구체적인 실천 방향을 스스로 찾게 된다(손창남, 2016:130-138).

필드 사역

선교사의 필드 사역 기간 동안 선교사의 책무는 무엇일까? 선교사는 파송 기관과 파송 교회에 대한 사역적 책무와 재정적 책무를 다해야 한다. 사역적 책무란 선교사가 자신이 원한다고 해서 사역을 맘대로 하는 것이 아니라 관리와 감독을 받아 가면서 사역하는 것을 말한다(손창남, 2016:24). 이 기간에 선교 위원회의 책무는 선교사의 책무를 관리하는 것이다. 파송 교회의 입장에서 파송의 의무는 재정적인 지원을 하는 것과 선교사를 위해 지속적으로 기도하는 것이 책무이다. 따라서 선교 위원회는 선교사를 위한 정기적인 중보기도 모임을 실행하여야 한다.

선교사의 사역적 책무를 관리하기 위해 적극적으로 사역을 평가하는 방법도 있지만, 대부분 파송 선교 단체가 있다면 그 단체의 책무를 다하는 것으로 평가를 대신하고(단체를 신뢰하는 것이 중요하다), 다만 파송 교회에 대한 '기도편지'(여기에는 사역 보고도 포함되어 있다)를 정기적으로 보내는 것으로 사역적 책무를 관리할 수 있다. 앞서 말했듯이 책무는 선교사를 어렵게 하려는 것이 아니라 선교사를 위한 선물, 즉 선교사를 보호하는 측면에서 시행해야 하고, 선교사의 책무를 요구하기 전에 파송 교회로써 선교 위원회의 책무를 다하는 것 또한 중요하다.

본국 사역(안식년)

선교사들의 안식년 기간은 재충전의 시간이기도 하지만, 파송 교회와 신뢰를 쌓는 기간이기도 하다. 선교사 재입국시(re-entry) 받는 역문화 충격이 있기 때문에 의무적으로 '디브리핑'(debriefing)을 실시하는 것을 추천한다. 지역 교회가 직접 감당하기보다는 전문적인 디브리핑 단체에 의뢰하는 것을 추천한다. 안식년을 보내는 선교사는 일종의 '자원'이며 선교의 '전문가'이다. 따라서 교회는 안식년 선교사를 최대한 활용할 필요가 있다. 이런 의미에서 안식년이란 단어보다 본국 사역 기간이라고 칭하는 것이 좋다. 물론 안식년이 '안쉴년'이 되지 않도록 균형 있는 '본국 사역(안식년) 프로그램'이 있으면 좋다. 자기 발전 및 재충전, 그리고 본국 사역 활동이 적당히 균형을 이루도록 해야 할 것이다(김영남, 2000:205-207). 본국 사역 기간 동안 선교사는 파송 선교 단체를 통해 재교육을 받을 수 있으며, 파송 교회는 선교사를 통해 선교를 다시 배울 수 있다. 바울과 바나바가 선교여행 후 예루살렘에 돌아와 예루살렘 공의회(최초의 선교 컨퍼런스)에 참석하여 보고한 내용은 예루살렘교회의 선교적 관점을 업그레이드한 사건이다. 이처럼 우리는 선교사들을 통해 하나님의 선교를 배워야 한다. 또한 본국 사역에서 가장 큰 역할로 기대되는 것은 선교사들을 통한 청년 선교 동원 사역이다. 한국 교회 내에 있는 청년들을 선교적으로 동원하는 일에 선교사보다 더 좋은 자원이 있을까? 언제나 부르심은 '관계적'인 일이고, 선교사로의 부르심 역시 '관계적'으로 참여하게 된다는 것을 선교 위원회는 명심해야 한다.

안식년 동안 본국 사역 기간을 잘 보낸 선교사를 다시 필드로 보낼 때 '재파송식'을 하는 것은 선교사에게 큰 힘이 된다. 교회가 여전히 그를 잊지 않고 성부 하나님의 보내는 선교 역할을 잘 감당할 때 비로소 보냄을 받은 선교사도 파송 교회와 진정으로 동역하게 된다(요 20:21).

은퇴

지역 교회에 은퇴 선교사가 있다는 것은 복이다. 그만큼 오랫동안 하나님의 선교에 헌신했다는 증거이다. 하지만 현실적으로 선교사의 은퇴 이후의 삶에 대해 교회가 준비되어 있지 않은 것도 사실이다. 은퇴 연금이나 보험을 들어 노후에 대비하고 은퇴 선교사가 거주할 선교관을 마련하는 교회도 있지만, 전혀 돌봄을 제공하기 어려운 지역 교회들도 많다. 선교사 은퇴 이후에 관해서는 파송 단체와 지역 교회, 그리고 여러 교회가 함께 고민해야 할 숙제이다. 2014년과 2015년 방콕 포럼 자료들과 온

누리 2000선교본부에서 발간한 '슬기로운 은퇴선교사 생활'을 참고하길 바란다(방콕포럼위원회, 2015).

마무리

하나님의 선교는 교회에 위임된 사명이다. 사명을 잊은 교회는 생존의 문제에 놓이게 되지만, 오늘날에도 여전히 그 사명을 충실히 이행하는 교회들은 하나님이 그 계획대로 쓰시게 된다. 주님께서 몸 된 교회를 친히 세우시고(마 16:18) 세우신 교회에 천국 열쇠를 맡기심(마 16:19)으로 우리가 하나님의 선교에 참여하는 특권을 누리게 되었다. 지역 교회들이 하나님의 선교를 충성되게 감당하기 위해서는 사도적 은사를 회복해야 할 것이다. 목양 중심 구조 속에서 사도적 특성과 사도적 DNA를 회복하기 위해 교회마다 선교 위원회가 필요하다. 선교 위원회는 교회의 선교의 대리자(Agent)라는 정체성을 가지고 청지기적 책무를 수행해야 한다. 선교적 책무는 열방을 위한 것이기도 하지만, 궁극적으로 우리 자신을 위한 것이기도 하다. 따라서 성도가 교회의 선교에서 선교 위원회로 참여하는 것은 복된 일이다. 선교 위원회의 정체성을 가지고 책무를 이행하면서 맡은 역할을 즐겨 감당하는 것은 분명 '선교 위원회를 성경적이면서 효과적으로 운영'하는 데 중요한 내용이다.

하지만 앞서 살펴본 방법론이 지역 교회의 선교를 성공적으로 이끌도록 보장해 주진 않는다. 기독교 선교 운동사를 기록한 폴 피어슨(Paul E. Pierson)은 역사를 통해 반복되는 두 가지 실수가 있음을 상기시킨다. 첫째는 변하는 상황이 새로운 패턴을 요구하고 있음에도 옛 방식만을 고수하려는 모습이고, 둘째는 선교 운동의 핵심 가치를 저버린 채 변화를 수용하는 것이라고 했다(피어슨, 2009:13). 모두가 알다시피 우리는 전 지구적인 상황적 변화를 경험하고 있다. 주님은 우리가 시대의 표적을 분별할 줄 알아야 한다고 말씀하셨다(마 16:2-4). 하나님의 선교를 향한 교회의 참여는 전 지구적 추세뿐 아니라 지역적 변화들에 의해서도 깊이 영향을 받는다. 하나님은 특정한 시기에 특정한 지역에 살고 있는 특정한 백성 가운데 일하신다. 전 지구적 추세라는 큰 그림 속에서 일어나는 변화도 읽어야 하지만, 동시에 하나님은 지역의 특정한 상황 속에서 역사하신다는 점도 놓쳐서는 안 된다(사무엘, 2022:23). 따라서 우리가 이제껏 살펴본 선교 위원회에 관한 본질적인 내용들과 더불어 우리 각자의 지역 교회를 향한 하나님의 인도하심을 구해야 할 것이다.

선교적 환경의 변화와 더불어 모든 사람이 참여하는 하나님 백성의 선교가 요구되는 시대에 교회의 모든 활동은 선교적 차원을 포함하고 있다. 레슬리 뉴비긴(Lesslie Newbigin)은 "교회가 바로 선교이기 때문에 교회가 하는 모든 일에 선교적 차원이 있다. 그러나 교회가 하는 모든 일에 선교적 의도가 있는 것은 아니라"라고 말한다. 레슬리 뉴비긴이 이 문장을 통해 말하고자 하는 의미는 지역 교회가 하는 어떤 활동들은 특히 예수 그리스도를 증언하려는 계획적인 의도가 있어야 한다는 것이다. 뉴비

긴은 선교의 이 두 측면이 모두 필수적이라고 말한다(고현, 2021:155-156). 그렇다. 교회의 선교, 특히 지역 교회의 선교가 모든 차원의 선교를 포함하고 있지만, 우리는 특별히 지역 교회가 처한 상황에서 의도적인(계획적인) 선교를 추구해야 한다. 교회의 선교가 성경적이면서 효과적으로 운영되기 위해선 선교 위원회가 이런 분명한 '지역 중심성'에 기반한 전략과 목표를 설정해야 하고, 그것은 개 교회의 고유성을 포함해야 할 것이다. 아무쪼록 하나님의 선교 대리자(Agent)로 위원회에 참여하는 여러분 가운데 깊은 성찰이 있기를 기도한다.

나눔을 위한 질문들

1. 선교 위원회의 정체성, 그리고 책무와 역할에서 배운 내용들을 토대로 선교 위원회를 구성하는 조직과 역할을 평가해 보라.

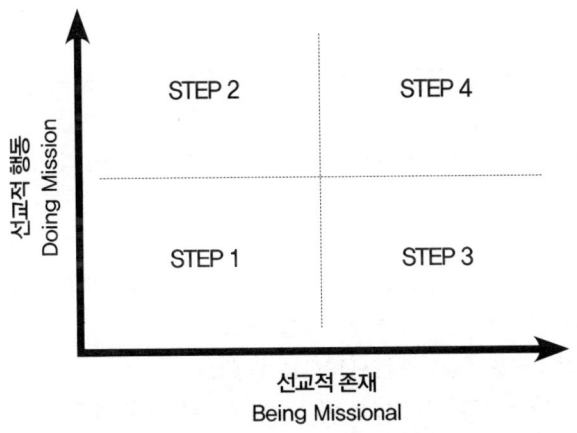

2. 우리 교회의 선교는 being과 doing의 관점에서 볼 때 어느 위치에 있다고 판단되며, 왜 그렇게 평가하는가?

3. being과 doing의 관점에서 볼 때 선교 단체로부터 도움을 받았으면 하는 영역은 어떤 것들이 있는가?

7장 참고 자료

김태정. 2014. "파송 교회와 선교기관이 당신에 대해 알고 싶어 하는 것." 『글로벌 미션 핸드북』. 서울: IVP.
김영남. 2000. 『도대체 뭘하지?』. 서울: 죠이선교회.
랄프 윈터. 2012. "하나님의 구속적 선교를 위한 두 조직체." 『랄프 윈터의 비서구 선교운동사』. 서울: 예수전도단.
방콕포럼위원회. 2015. 『한국 선교사의 은퇴와 정신 건강』. 군포시: 하늘씨앗미디어.
손창남. 2015. 『사도행전을 선교적으로 읽으면 두 모델이 보인다』. 서울: 죠이선교회.
손창남. 2016. 『교회와 선교』. 서울: 죠이선교회.
스캇 선퀴스트. 2015. 『기독교 선교의 이해』. 서울: 주안대학원대학교출판부.
앨런 허쉬. 2023. 『잊혀진 교회의 길』. 서울: 아르카.
온누리 2000선교본부. 『슬기로운 은퇴선교사 생활』
이현모. 2011. "한국 교회 선교에서 연합 운동의 필요와 대안." 『성경과 신학』 제57권: 135-161.
정민영. 2024. 『하나님 나라와 하나님의 선교』. 서울: IVP.
크리스토퍼 드웰트. 2016. "대형교회와 선교 단체: 선교학적 공생에 대한 연구." 『대형교회의 선교책무』. 김진봉 외. 서울: 두란노서원.
크리스토퍼 라이트. 2012. 『하나님 백성의 선교』. 서울: IVP.
크리스토퍼 라이트. 2016. "사무엘: 책무와 청렴함에 관한 구약의 모델." 『선교 책무』. 서울: 생명의 말씀사.
폴 피어슨. 2009. 『기독교 선교 운동사』. 임윤택 역. 서울: CLC.
폴 벤더 사무엘. 2022. "변한 게 있는가? 코비드 팬데믹 상황에서 하나님의 선교 참여하기." 『선교, 이제 어떻게 하지?』. 서울: 한국해외선교회출판부.
마이클 고힌. 2021. 『교회의 소명』. 서울: IVP.
강혜진. 2016. "선교 지속 가능성 악화, 가장 큰 원인은 '교회 성장 정체'." 『크리스천투데이』. 2016년 1월 19일. [온라인 자료] https://www.christiantoday.co.kr/news/288490

8장
세계 선교의 흐름과 이머징 선교

8장
세계 선교의 흐름과 이머징 선교

들어가는 말

전도자는 "…한 세대는 가고 한 세대는 오되 땅은 영원히 있도다…이것이 새 것이라 할 것이 있으랴. 우리가 있기 오래전 세대들에도 이미 있었느니라. 이전 세대들이 기억됨이 없으니 장래 세대도 그 후 세대들과 함께 기억됨이 없으리라"(전 1:3-4,10-11)라고 하면서, 이 땅에서의 모든 수고는 잊혀질 것이라고 지적한다.

세계 선교의 역사를 살펴보면 전도자의 이 말이 얼마나 엄중한 경고인가를 반추하게 된다. 우리는 우리에게 주어진 시대적 선교 소명을 잊은 채 다음 세대에 우리의 일이 기억되기를 원하는 욕망에 사로잡혀서는 안 된다. 우리 한국 교회와 선교계는 불과 몇 년 전까지만 해도 선교사 파송 숫자는 세계 2위, 인구대비 파송 선교사 비율은 세계 1위라면서 은근히 자축하는 분위기를 즐겼지 않은가? 그런데 지금은 숱한 안팎의 장벽에

둘러싸여 해법을 고심하고 있다.

코로나19 전후로 더욱 심화되고 있는 21세기의 다양한 사회적, 경제적, 종교적 현상 등과 씨름하는 우리의 모습은 마치 자동항법장치가 고장 난 상황 속에서 비행기의 항로를 이탈하지 않으려고 조종간을 꼭 쥐고 있는 조종사의 외로운 싸움처럼 보인다. GPS가 제대로 작동되지 않는 상황에서 먹구름을 뚫고 계속 전진해야만 하는 조종사와 우리의 상황이 닮지 않았나? 어디라도 비상착륙을 해야 하는가? 과연 구름을 뚫고 목적지까지 무사히 도달할 수 있는가?

경제학자 토마스 피케티(Thomas Piketty)는 '21세기 자본'에서 우리 시대를 끌고 가는 정신을 '시장 논리'로 보면서 "신(God)이 된 시장은 인류의 미래를 죽음으로 이끌고 말 것"이라고 예견한 바 있다(Piketty, 2014). 시장 논리에 따라 모든 것이 효율성과 경제적 이익으로 판단되는 현실에서 기독교는 종교시장(Religion Market)의 숱한 상품 중 하나로 취급되고 있다.

이번 장에서는 한국 교회와 선교계 앞에 펼쳐지고 있는 '이머징 선교'에 대해 살펴보려고 한다.

이머징 선교: 개념 정의와 근거들, 패러다임의 전환

일찍이 벤자민 프랭클린(Benjamin Franklin)은 『가난한 리처드의 달력』에서 역사적 교훈의 소중함을 "경험은 소중한 스승이지만 바보는 경험해도 배우지 못한다"라고 피력한 바 있다(Franklin, 2018). 사회적, 경제적, 인구학적, 환경적 요인 등에 따른 끊임없는 선교 환경의 변화는 어제 오늘의 문제가 아니라 초대 교회부터 지금까지 시대마다 여러 양상으로 거듭되었고, 이런 변화는 모든 그리스도인과 교회들에게 선교를 향한 패러다임 전환(Paradigm Shift)을 요구하였다.

개념 정의

이런 가운데 선교의 문은 열리거나 닫히기도 하였고, 선교 지역이 바뀌거나 확대되기도 하였으며, 선교 대상이 사라지거나 발견되기도 하였다. 우리 눈에는 이런 선교환경의 변화는 선교의 흥망성쇠를 다투는 예측 불가능한 변수들처럼 보일 수도 있으나, 이런 변화들을 세상을 통치하시는 하나님의 경륜과 섭리 가운데 하나님의 시각으로 하나님의 경영이라는 측면에서 바라보고 재평가하고 성찰할 필요가 있다.

선교환경의 변화들을 수식하는 '이미징'(emerging)이란 말이 '갑작스런, 전혀 뜻밖의, 생소한' 등의 부정적 의미로 해석되기보다는 선교의 주권을 하나님께로 돌리는 선교적 전환점으로 삼아야 한다. 이때 비로소 합력하여 선을 이루시는 선교의 하나님을 경험하게 될 것이다.

그래서 본인은 이런 선교적 도전의 파도들(waves) 가운데 출현한 다양한 선교 운동들이 지닌 특성들을 염두에 두면서 조심스레 '이머징 선교'(Emerging Mission)라는 선교 용어를 제시하고자 한다.

선교 여건의 변화들

이 용어의 뜻은 떠오르는 선교, 출현하는 선교, 등장하는 선교, 주목받는 선교 등으로 풀어볼 수 있다. 기존의 '이머징 처치 또는 미셔널 처치'(Emerging or Missional Church)가 주로 북미와 유럽 등 서구세계에서의 포스트모던 문화와 교회의 관계에 대한 선교적 해석이라면, '이머징 선교'는 비자 제한, 폐쇄된 대외정책, 한국/본국으로부터 너무 먼 거리, 사회적 폐쇄성, 입국 제한, 경직된 종교법, 높은 핍박지수, 천재지변, 전염병, 국가 내 종족 인구 크기의 축소, 공용어 사용 인구의 감소 등의 이유로 그동안/오랫동안 선교 대상에서 밀리거나 주목받지 못하다가 최근 새롭게 주목받고 있거나 받기 시작하면서 선교의 문/가능성이 열리는 지역, 국가, 영역, 종족에 대한 선교적 해석을 바탕으로 한 선교전략과 정책을 더 창의적이고 도전적인 개척정신을 가지고 개발하자는 시도이다.

이와 같은 선교환경의 변화는 선교 개념의 변화를 촉진하였다. 21세기 이전까지 선교 개념은 주로 지리적, 문화적, 정치적 요인들의 영향을 받으면서 정의되었으나, 20세기 후반부터 새 밀레니엄을 준비하면서 예견되었던 바 선교 생태계의 전환은 선교 범위, 신학적 개념, 선교 전략의 변화 등으로 선교 개념의 전제들을 바꾸기 시작하였다. 그 결과 남반구 선교, 디아스포라 선교, 전방위적 글로벌 선교, 선교적 교회론, 모든 곳에서 모든 곳으로 가는 선교 등 새로운 영역들이 등장하였다. 이것이 이머징 선교이다.

이머징 선교의 주체는 하나님

'이머징 선교'의 주체는 변화하는 문화 현상에 대한 해석이 아니라 자신의 모략에 따라 선교의 문을 여닫으시는 하나님 자신이시다. 온 세계를 향한 하나님의 주권과 통치는 한 번도 좌절되거나 멈춰 선 적이 없다. 선교의 주체자로서 하나님은 언제나 자기 백성의 고통을 외면하지 않으시며 들으시고(출 3:10), 온 세상의 모든 나라와 민족이 자신에게로 돌아오는 큰 길을 여시고, 모든 산과 골짜기를 허물고 메우시면서 구원과 구속의 대로를 여신다(사 49:11).

그래서 우리는 선교의 길이 활짝 열렸다고 너무 기뻐하지도 말고, 선교의 문이 닫히거나 닫혔다고 해서 너무 낙심할 이유가 없다. 선교의 길이 열렸을 때는 닫힐 날을 염두에 두고서 마음껏 추수꾼의 낫질을 하고, 선교의 문이 닫혔을 때는 그동안 일하게 하신 하나님께 감사함으로 마무리하는 겸손한 태도가 있어야 한다.

하나님의 일하시는 방식은 그리스도 안에서 모든 것이 합력하여 선을 이루고, 이를 위해 우리로 하나님을 사랑하는 마음을 품게 하시고, 자신의 선교를 위해 부르시고, 의로우신 아들의 형상을 본받고자 하는 거룩한 열심을 소중히 여기게 하시고, 우리에게 자신과 아들의 영광을 수여하시면서 격려하신다(롬 8:28-30). 그러므로 부름 받은 우리에겐 충성된 청지기직을 원하시고, 우리는 선교의 포도밭 주인께 "당신의 법대로 하고 있습니까?"라는 점검을 받는 시간을 내어드려야 한다. 이와 같은 이머징 선교의 주체 의식은 선교에서 하나님과 우리의 언약이 선교적 동기이자 목적임을 일깨운다.

성경에서 발견되는 이머징 선교 사례들

성경 전체를 보면 다양한 사례들이 나오나, 여기서는 아래의 세 가지 사례만 살펴보고자 한다.

첫째, 나아만 장군의 사례이다(왕하 5:9-14). 이스라엘과 적대 관계에 있는 아람의 군대장관 나아만의 사례는 복음전도를 위한 선교의 문이 우리의 판단이나 전략과는 달리 하나님에 의해 어떻게 열리는가를 보여준다. 러시아-우크라이나 전쟁, 북왕국 이스라엘과 아시리아 등 국가 간에 전쟁이나 갈등과 같이 적대관계가 심할 경우, 우리는 상대 국가에 대한 선교의 문을 찾기 어렵다. 그런데 하나님께서는 그 가운데서도 구원할 사람들을 어떻게 부르시고, 어떤 사람이나 기회를 사용하시는지를 볼 수 있다. 포로로 잡혀간 한 무명의 이스라엘 여성을 통해 나아만 장군이 하나님을 만나게 되는 사건은 오늘날에도 일어날 수 있다. 요나의 아시리아 수도 니느웨 선교도 여기에 해당한다. 하나님은 구원할 자를 반드시 찾으시고 우리 손에 붙이신다. 우리는 선교의 앞문이 닫힐 때, 뒷문을 열어 주시는 하나님께 구하고 두드리면서 기도해야 할 것이다.

둘째, 로마교회와 소아시아 복음화의 사례이다. 소아시아보다 복음전도 역사가 빨랐던 것으로 보이는 로마의 가정교회들이 연이어진 황제들의 박해로 와해되자, 브리스길라와 아굴라 등 로마의 신자들이 소아시아로 이동하였다. 선교문이 먼저 열렸던 로마교회의 흩어진 신자들의 비자발적 철수에 따른 재배치는 소아시아에서 새로운 선교의 가능성을 던졌다. 로마교회에겐 큰 고통과 아픔이었으나, 소아시아 지역은 큰 영적 유익을 얻었다. 일찍이 복음화율이 높았던 북한 기독교인들이 남한으로 비자발적으로 재배치됨으로써 남한의 복음화가 촉진된 한국 교회의 경험도 이와 같다.

셋째, 빌립보교회와 소아시아인 디아스포라 사례이다. 바울은 2차 선교여행을 통해 아시아 속주의 수도인 거대 도시 에베소로 진입하려고 했으나 성령께서 그 문을 닫으셨다. 그러나 하나님은 그들에게 미지의 땅

북그리스 마케도니아로 선교의 문을 여셨다. 그들은 환상이라는 초자연적 역사를 의존할 수밖에 없는 상황이었다. 관문도시 빌립보에 도착하였을 때 그들이 만난 그룹은 소아시아에서 일찍 건너와 그 지역에 정착한 소아시아인 디아스포라였다. 루디아를 통해 연결된 디아스포라 선교는 마침내 남그리스 지역인 아가야의 선교 문까지 여는 동력이 되었다.

이머징 선교를 위한 세 가지 사고전환

장기명은 저서 『코로나 19 이후, 새로운 사람들이 온다』에서 교회가 현재 직면하고 있는 위기에서 사고를 전환해야 한다고 한 바 있다(장기명, 2021:117-190). 이를 우리의 선교에 변환시켜 적용해 보자.

우리의 선교는 수단적 기능에서 본질적 존재로 전환해야 한다

그동안 우리의 선교가 성장 지상주의적 행동 돌격대와 같지 않았는지를 되짚어 보자. 초대 교회부터 지금까지 선교 역사에 나타난 당대의 위기 상황은 복음의 본질로의 회귀가 있을 때 극복되었다. 우리의 선교는 성장이라는 성공 방정식에서 가치 지향적 존재 방정식으로 변환되어야 한다.

우리의 선교는 불러 모으는 행위에서 가치 지향적 선교로 전환해야 한다

우리의 선교가 외향적인 성과 위주의 과시라는 그릇된 양적 팽창의 논리에 갇혀 있지는 않은지 되짚어 보자. 현재 목격하고 있는 탈기독교화와 탈교회의 물결에 대한 무감각과 무관심 속에서 가나안 성도들이 속출하는 가운데 서서, 우리는 선교의 본질을 향한 인격적인 유기체적 공동체 형성으로 변환되어야 한다.

우리의 선교는 성장 주도형에서 성경적 세계관의 제자도로 전환해야 한다

우리의 선교가 자연발생적 선교의 결실을 기대하는 시대에 여전히 의존되어 있지는 않은지 되짚어 보자. 이런 성찰을 통해 우리는 외적인 선교적 성과와 성장을 위한 변혁을 모색할 것이 아니라 복음의 본질에 대한 회복과 성령의 음성임을 들어야 하고, 이를 통해 우리에게는 선교 현장의 교회와 본국 교회가 성경적 세계관을 지닌 신자들을 양육하는 선교적 공동체로 돌아와야 한다는 사상적 변환이 요청된다.

이머징 선교는 유비쿼터스 네트워크 선교전략

유비쿼터스: 존재와 문화

'유비쿼터스'(Ubiquitous)는 '편재(遍在)하는'이라는 뜻으로 '두루 퍼져 있다, 널리 퍼져 있다'는 편재성(Ubiquity, 偏在性)을 전제로 하는 기술 용어이다. 1988년 제록스사 연구원 마크 와이저(Mark Wiser)가 "유비쿼터스(언제, 어디서나, 누구나 누릴 수 있는 정보 환경)"라는 기술계의 신개념 혁명을 제시한 이후 현재는 IT 분야와 관련하여 인간을 중심으로 한 컴퓨터 환경뿐 아니라 인간 친화적 환경 구현을 위한 인간의 본질에 대한 철학적 질문으로 자리 매김하였다.

우리는 코로나19을 통과하면서 유비쿼터스 문화 속의 인간이 갖는 문화적 속성을 여실히 보았으며, 코로나19라는 질병으로 인한 단절을 통해 존재와 소통의 새로운 방식과 가능성에 대한 질문을 던지게 되었다. 서로 만나고 접촉하지 않더라도 유비쿼터스 환경을 통한 새로운 존재방식과 자기표현이 가능하다는 커뮤니케이션의 뉴 노멀을 경험하였고, 그 여파는 지금도 계속되고 있다.

유비쿼터스 환경과 문화의 영향력을 발견할 수 없거나 그 영향이 미미해 보이는 사회적 환경들도 존재한다. 그러나 시간의 경과와 함께 더욱 가중되는 도시화의 집중으로 인해 그 장벽이 허물어지고 있다. 이 용어가 진부하게 들리는 이유는 유행에 따라 유비쿼터스의 영향이 사라지는 것이 아니라, 우리의 사회적 삶에 녹아들면서 존재의 표현 방식인 문화로 자리잡고 있기 때문이다.

유비쿼터스: 선교와 네트워크

이 유비쿼터스의 개념을 기독교적 의미로 해석하고 선교적으로 적용해 보자. 이 용어는 독일 루터교회에서 신학 용어로 사용되었고, 어느 때나 어디에나 계시는 '그리스도의 편재'에 적용되었다. 그후 온 세상의 주님이신 예수 그리스도의 편재성은 그분의 무소부재(無所不在)라는 의미로 대체되면서 열방이 주께 돌아올 때까지라는 선교적 의의가 가세되었다.

유비쿼터스 네트워크 선교는 "모든 곳에서 모든 곳으로"(From everywhere to everywhere) 가라는 선교의 지상명령에 대한 성경적 의미의 재발견이다. 선교는 시공간을 초월하기에 모든 곳에서 동시다발적으로 복음을 전할 수 있다.

이광순은 '유비쿼터스 네트워크 선교'의 특성을 아래 세 가지로 제시했다(이광순, 2011)

첫째, 개방적이다.
둘째, 동역과 팀워크를 이루는 시스템이다.
셋째, 몸집과 체중을 감소함으로써 작고 수평적인 시스템을 지향한다.

우리가 복음 장벽 너머에 있는 잃어버린 영혼들을 향해 나아갈 길을 찾지 못하고 있을 때에도 하나님은 장벽 그 너머의 사람들과 함께 계셨고, 그곳에서 장벽 이편의 우리로 하여금 기도하게 하시며 성령의 역사를 소망하게 하신다. 이것을 통해 바로 하나님의 존재하심이 친히 창조하신 모든 지역, 도시, 골짜기, 사막, 강, 황무지, 전쟁터, 분단, 종족 갈등, 증오 등 죄로 인한 하나님과의 단절이 있는 온 세계 가운데서 발견된다.

이것이 유비쿼터스 네트워크 선교 전략이 필요한 모든 민족과 열방 가운데 일어나는 하나님의 '이머징 선교' 운동이다. 예수 그리스도께서 죄인들 가운데 오심으로 이 한 분으로 인해 많은 사람이 의인의 길로 참여할 수 있게 되었고, 온 세상이 한 분 예수께로 나아올 수 있는 거룩한 연결(Divine Connection)의 길이 열렸다(롬 5:19; 마 28:18-20).

그래서 우리는 "모든 곳에서 모든 곳으로"(From everywhere To everywher) 가능해진 선교의 유비쿼터스를 통해 매일 매시간 온 세계에서 우리를 향한 마케도니아인의 간절한 음성을 들어야 한다.

직면한 이머징 선교의 4대 장벽들

시장이 신(神)이 되어 가는 우리의 현실을 한마디로 '세속화'로 요약할 수 있다. 세속화(世俗化, Secularization)의 의미는 라틴어 '특별한 시대에 속하는'(saecularis)과 '이 시대, 한 세대, 한 시대'(saeculum)에서 유래하였다. 따라서 어원적으로 따져 볼 때 세속화는 영원한 것과 반대되는 현세적인 것을 의미한다. 그러나 서구 학자들은 세속화를 종교성과 멀어지는 현상으로 지칭하였다. 결국 삶에서 종교가 분리되는 현상을 세속화라고 생각한 것이다(박종원, 2016:7). 우리가 선교현장에서 직면하는 세속화는 긴 세월 기독교국가(Christendom)로서 살아온 서구 사회의 종교와 세상의 분리로 인한 종교의 사사(私事)화 현상이 아닌, 전통종교들이 긴 역사를 통해 삶의 기저에 내재되어 있는 가운데에서 그 세상적 가치를 따라가는 세속화를 지칭한다(신수진, 2004:55).

폴 히버트(Paul Hiebert)는 '민간종교 이해'에서 이런 분리를 야기시킨 전통 종교와 기독교의 혼재된 세속화의 영향은 선교지에서 "복층식 기독교"인을 낳았고, 복층식 기독교인들은 기독교 안에서 자신들의 내적 갈망인 건강, 부귀, 안전, 삶의 의미 등에 대한 욕구들이 해결되지 못할 때 다시 옛 전통으로 돌아가는 세속화 현상을 보였다고 말한다. 문제가 닥치면 그들은 선교사 몰래 마을 주술사나 샤먼들을 찾아가 점을 치거나, 부적을 얻거나, 축귀 의식을 하기도 했다. 겉으로는 신실한 그리스도인인 것 같았던 선교지의 성도들이 삶의 기저는 전통종교인들과 다를 바가 없었다(Paul Hiebert 외 2인, 2006:131-134).

이러한 인간적 욕구의 충족 방식을 과거에는 종교에서 찾았으나 지금은 시장의 논리에서 발견한다. 이에 대해 여러 종교가 보이는 다양한 반응과 그 현상에 대한 분석과 평가 작업은 계속되어야 하고, 선교적 차원에서의 검토와 대안 제시도 있어야 한다. 그렇지 않다면 서구 선교계에서 발생한 기독교 세계(Christendom)의 형성이 명목적인 기독교 인구 증가로만 집중되는 실패가 반복될 것이다.

선교와 관련하여 사회문화적, 지리적, 언어적 영역을 비롯하여 여러 가지로 고려해야 할 장벽이 다양하고 복잡하게 나타나나, 여기서는 주로 종교현상적 측면과 관련한 장벽에 한정하여 아래의 네 가지 장벽을 제시한다.

1. 근본주의의 확산과 새로운 게토/폐쇄성의 심화
2. 비종교주의(a-religion)로 인한 종교적 충성심의 약화
3. 종교다원주의의 다양성과 개체/개인 중심의 해체주의의 보편화
4. 선교적 종교주의(missional religions)의 재등장으로 인한 세계종교들의 격렬한 각축장

위의 네 가지 종교적 현상들이 과거에는 지역적이거나 종교권의 내부적 장벽들이었으나, 오늘날에는 세계 종교들의 본토/지역을 넘어서서 이주와 디아스포라 현상으로 자리 잡아 가고 있다. 그래서 한편으로는 타 종교에 대한 위기감을 극복하고자 폐쇄적인 게토(ghetto)를 형성하는 근본주의 성격이 더 공고해지고, 다른 한편으로는 타 종교들의 세계화에 자극을 받아 선교적인 종교 또는 종교운동이나 글로벌 종교 네트워크로

강화되고 있다. 예를 들어, 코로나19를 겪으면서 세계 종교들은 공동체, 교회/모스크/템플, 성경/경전, 예배, 기도 등의 주제와 이슈들에서 종교현상적으로 매우 유사한 반응과 고민들을 보였다.

동시에 지난 수십 년간 서서히 진행되어 온 비종교주의와 종교다원주의는 포스트모더니즘 이후 여러 경향들과 맞물리면서 자신의 종교에 소속을 두되, 타 종교를 인정하는 비종교주의와 종교다원적 해체주의 현상을 보인다. 비종교주의(a-religion)는 과거의 무교회주의자나 교회를 떠난 반 기독교주의자(anti-Christianity)와는 달리 소속된 종교 공동체를 떠나지 않으면서도 동시에 타종교들과 더불어 살아가는 데 전혀 선교적 도전이나 문제의식을 갖지 않는 사상이다.

현재 위의 네 가지 현상이 주로 세계종교라 불리는 종교들에서 두드러지게 나타난다. 따라서 우리는 이머징 선교의 네 가지 장벽을 기억하면서 이에 대한 새로운 선교의 가능성과 그 문이 열리도록 지혜를 구하고 더 낮은 자리로 나아가는 성육신적 선교(사) 자세를 받아들여야 할 것이다.

돌파가 필요한 한국 교회의 이머징 선교 장벽들

여기서 언급하는 한국/본국 교회와 관련한 장벽들은 코로나19 이전에 이미 발생되어 진행 중이었다가 코로나 발생으로 심화 또는 악화된 것이

대부분이다. 이 말은 코로나 이전부터 징조와 징후가 계속되었으나 우리가 심각하게 또는 신중하게 인지하고 숙고하지 못했다가 코로나 기간에 더 뚜렷이 드러난 장벽이라는 의미이다.

우리는 이러한 장벽을 시대 전환이나 전환 국면이 가속화될 때 드러나는 종교현상의 측면으로 받아들일 필요가 있기에 너무 늦었다고 자책하거나 망연자실한 상태에서 좌절 혹은 포기하는 것이 하나님의 뜻이 아니라는 역설적인 선교적 함의가 내포되어 있다. 예를 들어 보자. 포스트모더니즘은 갑자기 도래한 것이 아닌 지난 몇 십년 간 지속적으로 심화된 것이고, 종교다원주의와 상대주의는 기독교의 사회적 영향이 약화되거나 당대 교회가 복음의 능력을 제대로 증거하지 못했을 때마다 드러난 인간의 죄성이 일으키는 종교적, 윤리적, 사회적 보편현상이다.

이런 장벽들의 이면에는 인간과 인간의 접촉과 관계 형성에 가장 큰 영향을 미치는 소통방식의 단절 내지 약화에서 일어나는 비사회적 커뮤니케이션으로 인한 교감과 공감의 파괴가 도사린다. 포스트모더니즘으로 인한 해체주의로 인해 개인과 개인 또는 개인과 집단 간의 교감이 어려워지자 개인/인간들은 자신의 감정과 존재를 쏟을 수 있는 대상(들)에 몰입하면서 소통의 사회성보다는 특정 대상과 자신만의 세계에 집착하는 비사회적 커뮤니케이션 현상을 보였다.

이런 비사회적 커뮤니케이션 현상의 예를 들어 보자. 특정 세대를 넘어서 다양한 연령층이나 계층이 팝계의 아이돌에 대한 폭발적 지지를 공공연하게 표현하기도 하고, 정치, 문화, 스포츠계의 특정 아이콘들을 향한 강렬한 팬덤(fandom)과 같은 집단적 교감, 푸바오나 특정 반려 동물들 등 비인간적인(nonhuman) 대상이나 매체에 몰입하는 등의 반응을 표출함으로써 집단적이면서도 개체적인 또다른 문화적 게토현상을 드러낸다.

이런 현상에서 관찰되는 바는 교감의 사회성을 통한 공감(대) 획득이 아니라 소통에 대한 일방적인 독점이라는 강한 집착인데, 이것은 자신만이 누리면서 만족감을 얻고자 하는 이기적 소통 문화의 정착을 의미한다.

아래의 장벽들은 위에서 언급한 비사회적 커뮤니케이션으로 인한 한국/본국 교회 내의 세대 간의 단절, 교회 밖의 사회와의 단절이 맞물려 있다. 여기에 비혼 및 비출산 시대와 맞물려 더욱 심화되는 추세이다.

1. 선교사 본국의 기독교 인구 감소
2. 선교 헌신자들의 고령화
3. 선교 헌신자들의 감소
4. 선교 재정의 축소
5. 교회/기독교에 대한 관심 부족
6. 기독교의 선교활동에 대한 저항감 증대와 법적인 불이익
7. 사회적 약자계층을 향한 NGO활동이 기독교 선교의 사회적 범위 위협

그 외에도 더 많은 장벽이 있겠지만, 한국 교회와 선교계에 일차적으로 영향을 미치는 것들을 추려보았다. 위의 장벽들은 선교사 모집과 사역 후원의 축소로 이미 드러나고 있고, 구제가 선교활동인가 NGO활동인가 하는 논의의 경계선을 허물고 있다. 이제는 통합적이고 총체적인 선교 생태계의 조성 및 이에 따른 이머징 선교의 영역들을 발굴하고 개발해야 하고, 이 일은 선교 단체와 선교사만 감당하는 것이 아닌 지역 교회가 함께 하는 전략적이고 정책적인 장기 비전이어야 한다. 또한 전략과 정책의 실천을 위한 선교적 투자가 이루어져야 한다. 우리는 한국/본국 교회가 직면하고 있는 이런 장벽들의 안에 갇혀서 그 너머를 보지 못하는 우물 안의 개구리가 되지 말아야 한다. 하나님은 우물 안에도 계시고, 우물 밖에도 계신다. 선교의 장벽 안에도 계시고 그 바깥에도 계신다.

이머징 선교에 필요한 두 가지 영역들

위에서 언급한 장벽들을 극복하도록 도우시는 하나님에 대한 신뢰가 우리를 이끄시는 성령의 선교적 동력이다.

글로벌 관심사의 변화에 따른 새로운 이머징 선교 영역을 개발해야 할 이유는 무엇일까? 지난 세기까지는 정치, 음악, 기술을 포함한 분야들에 대한 관심이 종교적 관심을 앞질렀고, 세계 종교들 중 기독교에 대한 관심이 가장 낮은 순위를 기록하였다. 그러나 최근 수십 년간에는 세계 종교와 기독교에 대한 관심이 상승 추세를 보인다. 글로벌 관심사의 추이를 평가하면서 우리는 종교와 영성에 대한 관심 또한 이머징 선교 영역으로 보고, 이에 대한 전략 등 접근법을 개발해야 한다.

필자는 위의 글로벌 관심사의 변화에 따른 이머징 선교를 통해 하나님께서 문을 여시는 선교의 기회와 사역 영역에 대해 아래와 같이 정리한다.

사역 범주에서의 개발 영역

한 교회나 선교 단체, 개인이나 기관이 모든 사역을 다 감당할 수 없다. 이 범주의 영역 개발에는 기존 영역이 재평가를 받거나, 전혀 예측하지 못한 사회, 경제, 정치, 문화적 변화 등으로 인해 등장하는 국면이 있다. 이런 개발 현상을 비유로 하자면, 북극의 얼음이 녹는 기후변화와 같다. 누구나 기후변화로 인한 온난화가 북극곰의 생태계에 위협이 된다는 것은 안다. 그러나 빙산이 녹았을 때 그 속에 또는 아래에서 무엇이 드러날지는 아무도 예측할 수 없지 않은가.

그렇기 때문에 네트워크와 협업, 교류와 정보 제공 등이 함께 이루어져야 한다.

⑴ BAM(Business As Mission)

⑵ 사회적 기업

⑶ 다문화가정 사역

⑷ 국내/본국에 유입 또는 정착하는 외국인들

⑸ IT와 SNS 등을 활용한 글로벌 사역

복음전파 범주에서의 개발 영역들

이 범주의 개발 영역 역시 위의 사역 영역 개발과 유사하나, 다른 점이 하나 있다면 역사적인 흔적들이 재발견되는 경우가 많다는 것이다.

선교 역사를 살펴보면, 한때 복음이 왕성하게 전파되었다가 어느 시점부터 잊혀진 땅과 사람들이 있다. 창세기 이후 바벨탑 사건으로 흩어진 인류의 이주행렬은 오래된 현상이다. 그럼에도 불구하고 문화 영역은 새로운 기술과 문화 현상 등에 따라 발생하므로 역사적 경험이나 통찰력으로만 감당할 수 없다. 달리 말해 종교현상, 사회현상, 문화현상 등의 현상학적인 판단과 분별, 대안 찾기가 함께 요구된다.

⑴ 복음전파의 장벽 너머에 숨겨져 있는 새로운 창들의 개발(New Window Operation)

⑵ 세계 인구의 급격한 이동에 따른 새로운 디아스포라 그룹들에 대한 전략적 접근법

(3) 선교 단체와 선교 단체 간의 협업과 연대 네트워크

이와 관련하여 먼저 과거에 발생한 이머징 선교의 사례들을 보자. 구소련, 유고연방의 해체, 알바니아, 몽골, 중국의 문호개방 등에 따라 갑작스레 등장한 CIS, 몽골리아, 시베리아 등 내륙 아시아와 중앙아시아가 이머징 선교 지역들로 급부상하였다.

현재 한국인 선교사들이 주축이 되어 시도하고 있는 THN(Trans Himalaya Network)을 사례로 꼽을 수 있다. 이는 중국 서북부-파키스탄-방글라데시-인도-네팔-부탄, 그리고 실크로드의 중간지점과 종착지인 이란-튀르키예까지 광범위한 지역을 포함한다. 이 네트워크 사역의 범위를 트랜스 안데스, 트랜스 집시 등으로 적용할 가능성을 시도하고 있다.

지금까지 여러 선교사와 선교 단체들에 의해 시도되었으나 번번이 비자 문제 등으로 추방, 재배치를 해야만 했던 시베리아-몽골 지역의 러시아 자치공화국들에 대한 선교의 문, 대외개방이 안 되어 잘 알려지지 않은 부탄 같은 국가들이 얼마나 많은가.

이 범주에서의 영역 개발은 네트워크와 협업을 위한 겸손과 용기, 투자와 의지가 요구된다. 한 예로 중국 교회는 중국인 티베트 사역 개발에 초점을 둔 비전 제시와 프로젝트, 사역자 훈련팀, 그리고 티베트 사역 현지인 선교총회 결성 및 훈련 등을 진행하고 있다.

아프리카와 인도의 경우, 자국민이나 자기 종족 디아스포라의 동선을 따른 외국인 선교사들과 현지인 교단/총회와의 협력이나 네트워크 운영을 통한 정보 공유 등이 시급하다. 이를 위해 기존의 선교사들을 인구 증가율과 기독교 인구 성장률에 따라 재배치하는 것도 중요하다.

이제 이머징 선교의 실제적 사례로서 한국자생선교 단체인 GMP를 표본으로 삼아 살펴보고자 한다. 이를 통해 각 교회와 단체의 상황에 어떻게 적용할지에 대한 교훈과 통찰력을 얻고자 한다.

GMP의 이머징 선교 사례

GMP의 세 가지 전환기

현재 한국 교회와 함께 GMP 역시 아래의 세 가지 전환기를 맞이하고 있다. 1945년 해방 이후 세계교회의 피 선교국가였던 우리 모국 교회가 70~80년대 초반까지 선교사 파송 국가로서의 견습기가 있었다. 이 시기는 OM 등 국제화를 추구하기 시작한 서구단체들의 리쿠르팅(recruiting)에 한국 단기 선교사들이 참여하였던 학습의 시간이었다. 그후 80년대 중후반부터는 이런 선교학습과 경험을 바탕으로 한국자생선교 단체들이 여기저기서 세워지면서 일종의 선교운동과 선교 동원의 파고가 높아지면서 현장 선교사 리쿠르팅과 파송, 사역 개척에 집중하였다. 2천 년대부터는 파송한 선교사들에 대한 멤버케어, 전략적 사역개발, 중복투자 방지 등 본국 교회와 선교 단체들의 선교행정과 멤버케어 등을 국제단체와 전문기관들과의 연대를 통해 행정구조의 발전을 추구하게 되었다.

그러나 2020년, 특히 코로나19 전후에는 세계 교회와 한국 교회의 선교인력 감소, 비자발적 철수의 장기화, 세계적 인구 이동의 가속화, 재정축소, 선교에 대한 피로감 누적 등을 맞이하면서 새로운 선교적 전환이 주요 이슈로 떠오르고 있다.

이런 시대적 도전 앞에서 본인은 아래의 세 가지 전환이 필요하다고 인식하면서, 과제에 대한 대안들을 간단히 제시해 보고자 한다.

행정구조보다는 사역구조가 강화되는 선교적 전환기이다

세계 선교환경의 변화로 인해 비자발적 철수 선교사들이 늘어나고 있다. 이로 인한 선교사 재배치 및 입구-정착-출구 전략을 매우 탄력적으로 수용하는 선교정책을 개발해야 한다. 행정구조는 배의 방향키와 같아서 먼거리를 향해 일정하게 순항하도록 돕는 역할이나, 시시때때로 변화하면서 예측 가능성보다는 불확실성으로 다가오는 선교현장의 변수들을 유연하게 대응하기 위해서는 행정구조와 함께 사역구조가 좀 더 탄력적으로 개발되고 운영되어야 한다.

효율성 전략과 비효율성 전략을 함께 개발하는 선교적 전환기이다

열린 지역에서 개척된 현지 교회의 인적, 물적 자원을 개척 선교로 동력화시켜야 한다. 예를 들어, 루마니아, 대만, 태국, 캄보디아, 필리핀, 인도네시아, 케냐, 이집트, 요르단, 피지, 쿠바, 도미니카 교회 등 선교 역사가 오래되었고, 교회의 자립도와 선교 동원 잠재력이 커진/커지고 있는 세계의 지역 교회들은 미얀마, 라오스, 말레이시아, 수단, 홍해연안 국가들, 카리브해 국가들, 북한, 공산국가 등 접경국가/유사환경 국가들의 복음화에 기여해야 한다.

미전도종족운동(UPM) 이후의 새로운 대안인 미전도영역을 모색하는 선교적 전환기이다

자연재해, 기후변화, 전쟁으로 발생한 난민 같은 비자발적 이동과 이주 또는 이민 등 자발적 이동으로 발생한 디아스포라 그룹들을 향한 조직적이고 의도적이고 계획적인 선교 운동이 여기에 해당한다. 태국의 캄보디아인, 인도 북부의 미얀마의 네팔인, 인도에서 피지끼지의 인도인, 독일어권과 한국의 터키인, 아랍인과 동남아인(태국인, 캄보디아인, 베트남인, 중국인 등), 중앙아시아에서 이주해 온 고려인들 등의 그룹이 여기에 속한다.

GMP의 세 가지 과제

따라서 GMP는 새롭게 떠오르는 인종, 지역, 국가, 영역들에 대한 이머징 선교를 염두에 두고서 다음의 세 영역에서 과제를 풀어나가는 전략적, 정책적 과정을 진행할 필요가 있다.

첫째, 계속해서 비자발적으로 철수하는 선교사들의 재배치이다.

몇 년 새 중국, 인도, 튀르키예, 기타 국가에서 입국 거부, 비자 연장 거부, 추방령 등의 사유로 비자발적으로 철수하는 회원들이 늘어나고 있다. 선교사들의 재배치는 주로 동일언어권, 동일문화권, 동일종족권을 따라 이동하면서 발생한다. 투르크창과 아랍창의 경우 선교사들의 이동은 위의 세 요인을 따라 주로 진행되었다.

둘째, 여전히 개척이 필요한 창의적 접근 지역들/영역들을 향한 개척 선교사들의 파송이다.

지금까지 GMP 선교사들은 추수지역에서의 헌신과 함께 공산권, 이슬람권 등 창의적 접근 지역에 진입하여 개척선교사로서 선교 최전선에서 다양한 선교 사역과 개척 선교를 시도해 왔다. 그동안 한국 교회에 그리 알려지지 않은 선교지들에 대한 이머징 선교를 개발하여 개척선교사들을 보내는 일은 계속되어야 한다.

셋째, 열린 지역 내 현지 교회들과 연계한 주변의 미전도국가 개척을 위한 현지 선교인력의 전략적 활용이다.

GMP가 지금까지 개척한 선교지들 중 선교적 결실이 비교적 높고 안정된 사역이 진행되고 있는 태국, 캄보디아, 필리핀, 대만, 알바니아, 중앙아시아 등의 선교지에는 복음화율이 낮은 주변국가들과 디아스포라 현지인들을 향해 과감한 개척정신을 발휘할 시기가 도래했다고 보여진다. 예를 들어, 미얀마와 라오스는 캄보디아 선교의 초기 시절처럼 선교 문이 열리고 있기에 더 많은 선교 인력이 필요할 것으로 보인다. 인도네시아는 말레이시아와 주변 도서국가들, 몽골은 내륙아시아와 러시아의 자치공화국들을, 케냐는 홍해 연안 국가들을, 태국은 라오스와 미얀마를, 캄보디아는 라오스와 베트남을, 필리핀은 이러한 국가들을 향한 전략적 선교에 직접적/전략적 연대 네트워크에 참여하고 시작하기를 권장하고 싶다.

나가는 말

이제 우리 한국 교회는 하나님의 모략에 따라 선교 문이 닫힐 때는 그곳에서 우리 사명을 다 감당했음에 감사하고, 새로 선교 문이 열릴 때는 복음을 들어야 할 감춰진 사람들이 우리에게 와서 도와달라는 새 마케도니아인 환상에 감사하자.

시대마다의 '이머징 선교'는 합력하여 선을 이루시는 하나님께서 주시는 선교의 기회이다. 이 영적 파도를 타고자 하는 우리 한국 선교사들의 개척정신이 크게 고취됨으로써, 지난 몇 년간 미얀마, 라오스, 모잠비크, 몽골, 피지 등 새로운 '이머징 선교' 지역들을 향한 개척자들의 아름다운 발걸음이 생겨났음에 하나님께 영광을 돌린다.

끝으로 브라이언트 마이어스(Bryant L. Myers)가 제시한 역사를 만들어가는 '움직이는 힘'(Driving Force)의 몇 가지 동인을 소개하면서 이 글을 마치고자 한다(Bryant L. Myers, 2003:10-13). 효과적인 선교 전략이나 효율적인 선교 단체는 이러한 힘을 잘 인식하고 적절히 배치함으로써 '움직이는 힘'으로 하여금 그 조직의 목표나 미래를 더 나은 상태로 나아가게 만든다.

첫째는 하나님의 성령이시다. 이 세상에서 역사하고 있는 가장 근본적인 '움직이는 힘'은 성령님이시다. 어떤 움직이는 힘이나 지구촌의 풍조도 하나님이 선택하신 일로부터 그분의 의도를 궁극적으로 바꿀 수는 없다.

둘째는 변화된 사람들이다. 지난 세기의 가장 큰 변화는 평범한 사람들이 자기 자신을 이해하는 개념의 수준이 바뀌었다는 점이다. 이런 변화는 기술과 커뮤니케이션 혁명과 결부되면서 보통 사람들의 영향력을 급격히 증가시켰다. 이로 인한 가치의 변화가 그리스도인들의 헌신 약화 혹은 강력한 문화에 포로 잡힌 얄팍한 복음과 함께 공존하게 되었다.

셋째는 정체성의 힘과 삶의 의미이다. 모든 사람은 지역적 뿌리를 둔 정체성을 필요로 한다. 글로벌 커뮤니케이션, 기술, 경제의 통합은 지구화의 중심을 향하여 통합되고 있다. 반면에 종교나 인종의 형태로 나타나는 정체성은 반대 방향으로 힘을 분산하고, 개인적이며 지역적인 방향으로 나아간다. 이는 가난, 종족분쟁, 종교분쟁, 사회 혼란의 형태로 나타나는 극단주의에 이르고, 동시에 종교적 다원주의로 점차 규범화되고 있다.

넷째, 더 나은 미래를 위한 비전이다. 시장 경제 체제를 확산시키려는 믿음은 발전에 대한 인간들의 관심과 절제된 욕심의 결과로 인류의 더 나은 미래를 만들게끔 한다. 그러나 불행하게도 기독교 공동체는 인류가 가지게 될 최고의 미래가 인간들이 하나님을 사랑하고 그 이웃을 사랑하는 것에 있다는 강력한 비전을 선포하지 못하고 있다.

"그런즉 그들이 믿지 아니하는 이를 어찌 부르리요 듣지도 못한 이를 어찌 믿으리요 전파하는 자가 없이 어찌 들으리요 보내심을 받지 아니하였으면 어찌 전파하리요. 기록된 바 아름답도다 좋은 소식을 전하는 자들의 발이여 함과 같으니라"(롬 10:14-15).

나눔을 위한 질문들

1. 이머징 선교에서 강조하는 선교의 주권이 최종적으로 주님의 경영에 달려 있다는 것과 마태복음 28장의 선교 지상명령 간에는 어떤 차이점과 연관성이 있는가?

2. 시대마다 새롭게 떠오르는 이머징 선교의 과제를 살펴볼 때, 코로나19 이후 현재 우리가 당면하는 선교 여건의 변화들은 어떤 것들이 있고, 이런 변화들에 대해 어떻게 대응하여야 할까?

3. 우리 시대의 이머징 선교 사례들이 여러분의 교회나 선교 단체 안에서 찾아보고, 있다면 그 사례들에 대해 함께 나눠 보자.

추천 도서

김영남.『도대체 뭘 하지?』. 서울: 죠이선교회출판부, 2000.
김한성 편.『한국 교회 힌두권 선교 40년』. 서울: 세움북스, 2022.

랄프 윈터, 스티븐, 한철호 공편.『퍼스펙티브스 2』. 정옥배 외 역. 서울: 예수전도단.
마이클 그리피스.『당신과 해외 선교』. 서울: IVP, 2011.
로라 매 가드너.『선교사 멤버케어 핸드북』. 백인숙, 송헌복 역. 서울: 아바서원, 2016.
Melbourne E. Cuthbert 외.『지역 교회와 선교』. 박기호, 목만수, 주준희 역편. LA: 아시아선교연구소출판부, 2004.
미션 파트너스.『21세기형 단기 선교 표준 지침서』.
박신영.『기획의 정석』 서울: 세종, 2013.
백신종.『단기 선교 퍼스펙티브』. 서울: 두 날개, 2008.
손창남.『교회와 선교』. 서울: 죠이선교회, 2016.
안승오.『성경이 말씀하는 선교』. 서울: CLC, 2019.
찰스 E. 벤 엥겐.『하나님의 선교적 교회』. 임윤택 역. 서울: CLC, 2014.
테드 헤가드.『지역 교회 최고의 소명』. 서울: 죠이선교회, 1998.
패트릭 존스톤.『교회는 당신의 생각보다 큽니다』. 이창규 역. 서울: WEC, 2002.
폴 벤더 사무엘 외.『선교, 이제 어떻게 하지』. 서울: 한국해외선교회출판부, 2022.
크리스토퍼 라이트.『하나님 백성의 선교』. 한화룡 역. 서울: IVP, 2012.
홍정희.『고마운 친구 에젤-하나님의 위로가 되어 주다』. 서울: 두란노, 2023.
한철호.『한철호의 선교 아이디어 51』. 서울: IVP, 2022.